赢在决策力

Make the Right Decision Every Time

[美] 罗杰·道森（Roger Dawson）著　刘祥亚 译

重庆出版集团　重庆出版社

Make the Right Decision Every Time: How to Make the Right Business and Personal Decisions Confidently by Roger Dawson

Original English Language edition published by Nicholas Brealey Publishing

版贸核渝字 (2010) 第053号

图书在版编目（CIP）数据

赢在决策力/（美）道森著；刘祥亚译. —重庆：重庆出版社，2010.8

ISBN 978-7-229-02207-5

Ⅰ. ①赢… Ⅱ. ①道… ②刘… Ⅲ. ①决策学 Ⅳ. ①C934
中国版本图书馆CIP数据核字 (2010) 第084292号

赢在决策力
YING ZAI JUECELI
[美] 罗杰·道森 著
刘祥亚 译

出 版 人：罗小卫
策　　划：中资海派·重庆出版集团科技出版中心
执行策划：黄 河 桂 林
责任编辑：张立武 朱小玉
版式设计：袁青青
封面设计：袁青青 郑少媚

重庆出版集团
重庆出版社 出版
（重庆长江二路205号）

深圳市福圣印刷有限公司制版 印刷
重庆出版集团图书发行有限公司 发行
邮购电话：023-68809452
E-MAIL: fxchu@cqph.com
全国新华书店经销

开本：787×1092mm 1/16 印张：16 字数：225千
2010年8月第1版 2020年9月第8次印刷
定价：38.00元

如有印装质量问题，请致电023-68706683

Roger Dawson

"You are where you are today
because of the decisions you
have made in past. Your
future depends on the quality
of your decisions in the future."

Roger Dawson

你今天达到的高度，取决于你之前的决策。

如果想在未来有所成就，你需要现在就做出正确的决策。

——罗杰·道森

目录

CHAPTER 1

第 1 章 优秀决策者的特质

管理就是决策。

——赫伯特·西蒙（美国著名管理学家）

詹姆斯·迈克尔·戈德史密斯是20世纪50年代末巴黎的一位百万富翁，他的人生可谓一帆风顺——他是一家成功的制药公司，卡森制药公司的总裁，这家公司成立3年，已经发展成为法国最成功的企业之一；他美丽的妻子在24岁的时候为了爱情跟他一起私奔，后来还继承了7 500万美元的家产。就算是浪漫的爱情小说家恐怕也无法想象出比这更传奇的故事了。

但就在1957年7月10日的早晨，一切都发生了变化。由于此前作出的一系列强硬而又不同寻常的决定，戈德史密斯走到了破产的边缘。如果不是一丝的幸运和巧合，还有快速的思考决断，戈德史密斯恐怕只会是一个昙花一现的"暴发户"而已。

公司刚成立不久，就以令人吃惊的速度迅速扩张。戈德史密斯买下了在法国出售美国药品的代理权，这是一个极其聪明的决定。很快，公司每年的净收入就达到了300万美元。然后依托他的财富，戈德史密斯买下了大片土地，建造药品仓库，并开始独立研发新药品。可就像很多年轻的企业家一样，戈德史密斯也被成功冲昏了头脑，他的野心的增长速度超出了他的经济实力。

到了1957年春天，公司销售额一落千丈。由于不堪忍受巨大的财务和个人压力，戈德史密斯跟两位意大利商人达成协议，后者同意收购他公司50%的股份。但3个星期之后，这两位商人改变了主意，要求用同样的钱换走戈德史密斯80%的股份。戈德史密斯目瞪口呆，将自己一手创建的公司拱手送人对他来说是绝对难以接受的。这时他坚持自己的原则，凭着带领自己的公司走向成功的强大自信作出了一个决定：拒绝接受这笔交易。

对于戈德史密斯来说，作出这个决定需要巨大的勇气。不幸的是，结果仍然令人沮丧。到了那年 7 月的第一个星期，这位年仅 24 岁的小伙子就不得不面临破产的厄运。在申请破产之前的最后一个早晨，当所有的债主都意识到他已经不可能支付债款时，戈德史密斯到街道拐角的报亭买了一份报纸。他本来以为当天的头条新闻一定是卡森即将破产的消息，可他没有想到的是，当天最重要的新闻是法国银行业突然爆发罢工——这也就意味着，至少在接下来的一个星期里，法国境内的所有银行都会停止营业。这让戈德史密斯长出了一口气，由于银行歇业，债主们就无法收款，这也就意味着他有了足够的时间来扭转乾坤。

第二天一大早，戈德史密斯拨通了竞争对手鲁塞尔制药公司的电话。月底，戈德史密斯几乎卖掉了公司的所有资产，而且他将自己的一项产品以收取授权使用费的方式转让给了对方，并用这些收入来负担家人的生活。这次出售为他赚到了 2.5 万美元（在 20 世纪 50 年代，这可是一笔不小的数字），随后他前往西班牙休整了两个月。

今天，年轻的詹姆斯·戈德史密斯已经成为“詹姆斯·戈德史密斯爵士”，一位拥有巨大产业的亿万富翁，一位凭借自己的直觉不断作出正确决定的王牌决策者。

决策是生活的基石

我们作出的决定究竟有多重要？正像我们从詹姆斯·戈德史密斯的故事中看到的那样，一个决定足以改变一个人的一生。有些决定是正确的、辉煌的；有些决定是错误的，甚至会带来灾难性的后果。当然，每次面临着人生中的重大决定时，我们都会很清楚地意识到它们的重要性，并给自己带来巨大的心理压力。但并非只有重大的决定才会影响我们的未来。我们每天都会作出上百次决定，所以没有别的什么比决策力更能影响我们的生活了。我们迄今为止所得到的一切，成功或失败，都可以追溯到我们之前所作的决定上。更重要的是，我们所有的未来，我们的希望、梦想，还有目标，都取决于我们是否拥有出色的决策力。

但奇怪的是，似乎没有人知道该如何作出最佳的决定。作为一名全职演说家，我每年都有超过 10 个月的时间在各地出差，为大公司和各种机构作演讲。只要条件允许，我都会跟邀请我演讲的公司的总裁，或者是协会里最优秀的人共进晚餐，了解他们究竟为什么会如此成功。我变得对“如何作决定”这个问题越来越感兴趣，开始将自己的焦点集中到“这些成功者是如何作出正确的决定”上。我想知道他们作决定的过程是怎样的，他们又是如何对待公司其他人的意见的。

了解的结果让我大吃一惊：几乎没有人知道自己是如何作决定的。我曾经跟那些白手起家创建商业帝国的人交谈，也曾请教过那些行业巨头；如果法律允许，我相信他们都能很容易地成为行业内的垄断巨头。这些人启动一项上千万的项目时连眼皮都不眨一下，可在回答我的“如何作决定”的问题时，他们却显得有些不知所措，“我们没有任何特殊的决策方式”，他们告诉我，“问题出现了，我们仔细想一想，如果感觉正确，又能够负担得起，我们就会采取行动。”这难道不令人吃惊吗？每次听到这样的回答时，我都在想，要是能稍微提高一点他们的决策力，这些人的事业该会有多大的变化啊！

而你又是如何作决定的？如果你觉得自己从来没有思考过这个问题，那我告诉你，这样想的人绝对不止你一个。美国管理协会进行的一项调查表明，美国的商业人士作出正确决定的概率只有 50%。这难道不会引发我们对美国未来经济的反思吗？就算只有 50% 的正确决策率，我们的经济仍然能够取得如此成功，这的确让我们感到自豪。但在我看来，只有 50% 的正确决策率是一个很糟糕的事实，它会大大降低我们整个产业的业绩标准。

决策造就人生

要想成为优秀的决策者，你必须将自己的目光从“决定本身”转移开来，开始认真思考“作决定的过程”。一旦你开始依托这个“作决定的过程”，你就会对自己作决定的能力充满信心。

假设你遇到下面这 3 种情形。所有这 3 个人的选择都将影响到他们未来的人生方向，而这 3 个人都不知道该如何作出正确的决定。

情形 1：一个来自意大利的人写信告诉我，他想要移居到加利福尼亚。他觉得那里有商机在等着他，而且他感觉自己能够取得成功。但这也意味着他要跟自己的妻子和两个女儿分开至少 5 年时间。他该怎么办？

情形 2：一位女性从旧金山给我打来电话，告诉我她的丈夫准备到圣地亚哥工作。他可能会在那里待上一年，甚至更长时间。然后公司会给他升职，把他调回旧金山海湾地区的总部工作。她不知道自己到底是否应该卖掉在旧金山的房子，一起随丈夫搬到圣地亚哥，还是应该在旧金山等他回来。她问我能否帮她作出选择。

情形 3：一位年轻人在研讨班结束时前来咨询我。他说他和一位商业伙伴想要合伙创办自己的印刷公司，但他认识这个人并没有多长时间，不知道他到底值不值得信任。他问我该如何评估这个决定，他应该信任对方吗？

当我仔细分析他们所面临的情况时，我意识到在每种情况中，对他们来说，要想作出最好的选择，首先应该掌握一个重要的决策技巧。在情形 1 中，那位想搬到加利福尼亚的意大利男人需要对自己的决定作出正确的归类。他所面临的不是一个“非此即彼”的选择，而是应该发散思维，想出更有创造力的解决方案。我告诉他，跟自己的家人分开 5 年是一个非常疯狂的决定，他会错过亲眼看着自己的两个女儿慢慢长大成人的过程。他应该考虑的不是是否要离开自己的家人，而是要想出办法带着自己的家人一起搬到加利福尼亚。

至于那位来自旧金山的女士，我明确告诉她，如果还想要这份婚姻，就应当立即搭乘下一班飞机飞往圣地亚哥。她根本没有想过自己决定的后果，如果她让丈夫独身一年，他们的婚姻很可能就会走到尽头。只要用符合逻辑的决策技巧思考一下，她就会明白，这样做对她可谓有百害而无一利。

最后，我告诉那位在考虑是否跟朋友合伙的年轻人，创业是一个不错的想法，特别是自己也很渴望去做的时候，但这跟那位朋友是否可靠毫无关系。这位年轻人的问题在于，他把这两者混为一谈了。白手起家创业会给人带来很大的满足感，但如果直觉告诉自己那位朋友不值得信任，他就应该倾听自己内心的声音。我告诉他，当你找到合适的人选时，就没有什么能够阻止你，而如果那位朋友的确是合适的人选，你就根本不需要向我这样一位陌生人求助了。

在以上所有情况中，我们可以看到，如果不懂得如何作决定，我们的工作或生活就会受到负面的影响。缺乏决策力不仅无法清晰地思考，而且会妨碍我们去理清自己的真实感受。而且最为严重的是，它让我们无法更好地理解自己。每次作决定时，我们都会发生一些变化——我们正在更清晰地接近自我。这是因为每作一个决定都体现了我们作事的优先顺序，我们的价值观、伦理道德观念等。从根本上说，“我们”就是自己在生活中所作的所有决定的总和。而且我们的决定还会对我们身边的人产生影响，无论是作为老板还是家长，我们都会影响到身边的人。

想想你一生中必须作出的 3 个最重要的决定，如果你选择不同的人生方向，你的生活将会怎样？如果你在高中毕业之后选择去工作，而不是读大学，你的生活将会怎样？如果你跟爱上的第一个人结婚，你的生活将会怎样？如果你接受了那些你拒绝了的工作，你的生活将会怎样？如果你选择了你之前没有选择的那些道路，你的生活将会怎样？

回头看看你所作出的那些选择，你很容易会为自己当初的决定辩解。但不得不承认，你也曾经错过一些重要的机遇。你可能在职场上作出了一些正确的选择，但在个人生活上出现了失误，或者你也曾经拒绝过那些可能会给你带来梦寐以求的机遇的商机。

小心决策失误

当你作出一些每个人都觉得这可能会导致一场灾难的商业决定时，你是否想过自己的问题到底在哪里？我家附近有一家餐馆，在过去两年中，先后有 6 位经营者尝试在这里开店，最后都倒闭关门了。我对这些餐馆的老板非常同情，所以每次餐馆关门之前我都至少会去那里吃一次，即使有时只是午餐。最后一次餐馆盛大开业时，我正在外地演讲；我还没有回来，餐馆就已经关门了。其实，一个最简单的调查就可以告诉这些老板们，这里并不是一个开餐馆的好地方。这一地区大部分居民都是退休人士，而常识告诉我们，餐馆应该开在那些能自由支配工资、收入高的年轻人聚集的地方。除此之外，这家餐馆还位于马路的拐角处，客人们必须开到十字路口之后掉头回来，才能找到停车位。

你还可以想象一下那些节目导播们所犯的错误。假设一场纽约喷气机队和奥克兰突击者队之间的橄榄球比赛正在进行。还有两分钟比赛就要结束了，双方比分是 32∶29，正在这个时候，电视网络系统居然决定按照预定的计划转播电影《海蒂公主》。而在最后两分钟的比赛中，奥克兰队两次得分，最终以 43∶32 赢得这场比赛。美国很多节目主播都会犯这样的错误，他们到底为何会作出如此愚蠢的决定呢？

我们再看看洛杉矶这座城市。当我 1960 年第一次来到洛杉矶时，这座城市最高的大楼就是 28 层的市政厅，它是当时洛杉矶第二高楼的 3 倍高。时至今日，洛杉矶甚至有超出 51 层的大楼。仅仅在过去的 5 年当中，整个洛杉矶变得面目全非，四处高楼林立。开发商们盖起了一座又一座的写字楼，却从来没有想过人们该怎么到这里来工作，四周没有新建任何高速公路，也没有新建任何公共交通系统。在过去的两年中，到洛杉矶的通勤巴士平均间隔时间从原来的 45 分钟延长到 75 分钟。那么，当初市政府究竟为什么会批准这些开发计划呢？

优秀决策者的特质

1. 懂得把握时机

虽然没有人能理出一套正确的决策方式，但优秀的决策者们通常都会有一些共同的特点。首先，他们都很懂得把握时机，他们知道什么时候该作出决定。去年春天，我曾经在英格兰跟一位成功人士共进晚餐，他的经历就是典型的美国梦的体现。从部队退役之后，他不知道究竟该做什么，就从祖母那里借了 500 美元，开了一家专门维修复印机的小公司。后来他进一步扩大自己的业务，开始收购那些有故障的复印机，将其修好，然后在自己的小店里出售。

经典案例

20 世纪 60 年代中期，日本的佳能公司决定进军复印机行业。当时复印机市场基本上是施乐公司占据垄断地位，佳能想要分走施乐公司的一部分市场。为了实施这一战略，佳能迫切需要一些经销商，于是他们找到了我的这位晚餐伙伴，邀请他担任佳能公司在英格兰的经销商。他立刻抓住了这次机会，最终成为佳能复印机在英格兰最大的经销商，同时也是英格兰最大的复印机零售商。

几年之后，他将自己的公司出售给一家巨头企业，套取大笔现金，然后用这笔钱投资汽车代理生意。他从自己停泊在波士顿港口的 130 英尺（注：英尺为非法定单位，1 英尺为 0.304 8 米，后同）游艇上乘坐 6 人座的私人直升机前来参加我们的会议。你想知道他怎么在美国取得成功的吗？

他说："罗杰，我是在适当的时间来到了适当的地点，这一点非常重要。但还有一件事情比这更重要——当你在适当的时间到了适当的地方时，你自己要清楚这个事实。大多数人都是根据自己的感受在作决定。然后，他们要么觉得自己没有在适当的时间选择适当的地方，要么决定就此停滞不前。如果他们当初没有抓住机会，过后他们都会说，要是早知道这些就好了，当时的时机和地点都非常合适，可我就是没意识到这一点。其实，成功的关键就是，在适当的时机和适当的地点作出正确的决定。"

充满自信的决策者们都知道该如何高效地作出决定。他们更懂得如何审时度势，把握时机。时机来临时，到底是该采取行动还是停滞不前，这在很大程度上取决于你的性格特点和行事风格。如果你是个比较冲动、喜欢掌控局面的人，你可能遇事就会很快地作出决定，甚至是近乎草率的决定。在下面的内容中，我将告诉你为什么过快地作决定会是一个错误。这可能对你来说不是一个好信息，但就好像高尔夫球手总是要先学会放慢挥杆速度一样，一旦放慢速度，你会看到你的得分正在不可思议地提高。

如果你的个性更倾向于分析，喜欢尽量拖延，你可能会在作决定的时候过于缓慢。我将教给你一套具体的方法，让你可以直奔问题的核心。这样你不仅可以更快地作出正确的决定，而且还可以大大消除你在被迫作决定时的心理压力。

2. 敢于下放权力

他们知道什么时候该让别人去作决定。要想做到这一点，你首先需要懂得如何训练身边的人作出正确的决定。很多管理者们都懂得该如何作决定，但他们在作决定的时候只是出于本能，他们根本不清楚自己究竟是如何做到的。

在本书中，你不仅将学会如何成为一个充满自信的决策者，而且将学会如何训练自己身边的人像你一样作决定。当你对他人作决定的能力充满信心时，你就会更容易授权给他们。授权，是一个商业流行术语，指让那些最接近危机现场的人根据当时的情况作决定。一旦你有了一套优秀的决策系统，就可以训练身边的人也同样作出明智的选择，而不是凡事都来向你请示。这才是管理企业的正确方法。

3. 能够接受不确定性

想想那些你认识的非常喜欢进行分析的人，他们生活在一个一成不变的世界里。在他们的生活中，只要所有的事情都已被确定、被固定，有各自特定的位置，那一切就都“井然有序”了。从分析型人的角度来说，一旦情况开始发生变化，开始变得混乱，他们就会感觉到危机。他们根本无法容忍不确定性。他们总想要精确地把握每一事物此刻在哪儿，将怎么发展。

这些人就是世界上最糟糕的决策者。事实上，让他们作出决定难上加难。你根本不可能只提供充分的信息就帮助他们作出最终的决定。一般来说，这些人比较适合从事那些需要精确工作的领域，比如实验室管理员、工程师，或者是数据处理员，等等，这类工作会有更加量化的答案，不确定因素也更少。

充满自信的决策者们不一定要凡事都讲求精确，他们可以很快适应那些带有不确定性的工作。事实上，你作决定的能力跟你接受不确定性的能力直接相关。那些能够忍受不确定性的人往往能更好地把握自己人生的机遇，应对人生的风险。

4. 具备采取行动的勇气

就好像詹姆斯·戈德史密斯的故事里所说的那样，决策者最应该具有的就是敢于作出决定的勇气。当你知道自己已经作出了正确的决定之后，你就会有足够的勇气采取行动。当你只是希望自己能够作出正确决定时，你才会表现得犹豫不决。不妨问问自己，你的生命中是否有一些你一直想做，却始终没有勇气去做的事情？就像马克·吐温所说的那样 ：“即使你站到了正确的轨道上，如果只是一味地站在原地，你也会错失机遇。”当你知道自己所作的决定正确无误时，你就会毫不犹豫地推进事情的发展。

但如今人们很难知道自己所作的决定是否正确。随着计算机时代的到来，美国人作决定的方式也随之发生了巨大变化。我们已经从凭直觉决定变成了依靠逻辑作决定。

直到 20 世纪后半叶，美国都一直在叫嚷着要成为超级大国，很多极富远见的人仍然是根据自己的直觉作决定。莱特兄弟只是感觉他们的飞机能飞上天空 ；查理·林德伯格只是比普通大众更加相信自己能够穿越大西洋 ；亨利·福特只是凭直觉告诉自己，流水线作业可能就是答案 ；雷·克拉克坚持特许经营 ；汤普森·沃森比华尔街的分析师们更加相信个人电脑的未来。

今天，我们开始用不同的方式来作决定。我们开始越来越依赖计算机而取代了早先的直觉分析，这大大遏制了我们的直觉，让我们的视角变得越来越狭窄。当马科尼相信无线电波能够穿越大西洋时，就连当时的物理定律都证明这是不可能的。

当时的科学家们相信，地球的曲率会将信号输送到太空。马科尼当时根本不知道电离层会让信号弯曲，但他的本能告诉他，自己的想法一定能行得通。如果马科尼不是有这种直觉，他可能会把所有的心思用来培养最完美的信鸽，而不是去发明无线电。同样地，如果爱迪生是一家大公司的 CEO，他可能只会想着如何发明世界上最出色的油灯，而不是去发明电灯。还有亚历山大·格雷厄姆·贝尔，他 14 岁就离开了爱丁堡高中。如果贝尔有 MBA 学位，他可能只会想着如何更新电报系统，而不会想到要去发明电话。

从依赖直觉到依赖逻辑的变化会导致两个问题。首先，它会扼杀很多极具创意的想法 ；其次，它会让人们形成一种错误的假设，即“搜集的信息越多，我们作出的决定就会越正确”。充满自信的决策者通常会将逻辑和直觉二者结合起来。通过逻辑推理再加上天才般的直觉，我们常常会爆发出令人难以置信的创造力。

你是逻辑型思考者还是直觉型思考者

在作决定时，你是更多地依赖事实，还是依靠直觉？试试下面的小测试，迅速回答每一个问题。

1. 你所供职的公司开始陷入困境，传言说公司的利润下降了25%。你的业绩并不理想，因此，你感觉自己很可能会是下一个被裁减的对象。这时一家猎头公司给你打来电话，为你提供了一个你非常感兴趣的职位，而且为你提供完全不低于现有职位的待遇条件。可问题是，如果想要参加面试，你需要从现在的公司请几天假，而这样很可能会让你失去眼前的工作。但另一方面，眼前的工作看起来前景不妙，而且你需要养家糊口。这时你会：

(1) 耐心等待。你很可能会遇到其他的机会，而且假如真的裁员，你也会提前得到消息。

(2) 相信传言。新公司提供的职位看起来非常适合你，而且由于当前经济形势不佳，你可能再也碰不到这样的机会了。

2. 你的公司现在必须裁减人员。摆在你面前的有两个人，他们在你的公司担任相似的职位。其中一个人一直表现不错，但你感觉他是一个很有野心的家伙，他很可能会为了自己的前途而牺牲公司的利益。另外一个人表现一般，但跟对方交谈之后，你感觉他对你的公司非常忠心。这时你会：

(1) 选择留下那个一直表现优异的人，毕竟，一切都要用业绩来说话。

(2) 相信你的直觉。留下那个业绩一般的人，这样你就不需要因为聘请新人而支付更多的培训费用。

3. 你在圣诞晚会上遇到了一位来自 Z 公司的推销员。他想去拜访你的公司，向你展示一些他认为你的公司可能会需要的新产品。接下来的那个星期，他来到你的公司，留下了一些样品。公司副总裁一直在督促你想出一些新的创意。看了这位推销员的那些产品之后，你感觉这些产品的寿命并不会太长，但手头的资料表明，这些产品很可能会帮助你解决眼前的创意问题。这位推销员第二天打来电话，问你是否打算订购。这时你会：

(1) 碰碰运气。根据你手头掌握的信息试用这些产品。

(2) 拒绝这笔交易。告诉副总裁，你正在努力，很快就会想出新的创意。

如果你选 (1) 多于选 (2)，你就属于逻辑型思考者。逻辑型和直觉型二者并无优劣之分。但你仍然要了解自己是属于哪一类型，这一点非常重要。下次作决定时，你仍然可以按照自己正常的方式进行，然后抽出时间冷静一下，用另一种方式重新审视摆在你眼前的问题。你可能会发现，一个更加平衡的决策方式会大大提高你作出正确选择的概率。

下面是我们每天都需要面对的一些决定的清单。你可以根据自己的情况，按照从 1 ~ 10 的分数对自己作出这些决定的能力打分，10 分是最高分，以此类推。

决策类型表 1-1

决策类型	得　分
商业决定	
投资决定	
关于如何花钱的决定	
关于个人关系的决定	
关于职业生涯的决定	
关于孩子的决定	
关于父母的决定	
总　分	

自我测试后，先把这张表格放在一边；读完本书后，你可以再作一遍自我测试。当你学完我在书中谈到的这些决策技巧之后，你就会吃惊地发现，自己的决策力有了巨大的进步。

决策是把双刃剑

我们都曾经作过非常糟糕的决定。对你稍稍有所安慰的是，无论你作的决定有多糟糕，都不可能比历史上一些著名的人物或公司所作的决定更糟糕。

曼纽尔·诺列加当初曾经决定率领巴拿马跟美国开战。结果美国人当天夜里就开始发动攻击，第二天早饭之前，他们就占领了巴拿马，诺列加立即下台。1896 年，英国人进攻桑给巴尔，只用了 38 分钟就大获全胜。诺列加在这场战争中丧命，更为耻辱的是，桑给巴尔人还得向英国人支付战争赔偿。

设想一下，如果当初可口可乐公司愿意拿出 1 000 美元收购百事可乐，情况又会怎样？当时百事的老板——洛夫特（Loft）公司的查尔斯·古斯愿意将自己的这个子公司廉价出售给可口可乐。可可口可乐坚信自己完全可以控制整个市场，根本不需要收购百事可乐。

还有，通用汽车曾经斥资数百万美元在拉丁美洲推广自己的 Nova 汽车，直到后来才意识到“nova”在西班牙语中是“停止不前”的意思。

在 19 世纪末 20 世纪初，一位英国卷烟制造商约翰·普莱耶想出一个主意，用小纸条卷住烟叶，他将其称为香烟。他向自己的一个竞争对手提出，如果对方愿意合作，他愿意跟对方平分这一项目的收益，但他的对手 E.G. 奥尔顿拒绝了这个建议，并声称：“老家伙，这些东西永远不会引起人们兴趣的，永远不会！”

与此同时，一些极其明智的决定也给人们带来了巨大成功。

经典案例

1919 年，当时康拉德·希尔顿刚刚被部队开除。他想要重新回到自己的老本行，做一名银行家，于是他前往得克萨斯州的思科，想去购买一家银行。银行老板报价 7.5 万美元，康拉德觉得这个价钱不错。他很快向在堪萨斯州的银行老板们发去电报，表示希望立即达成交易。收到电报后，这些老板们想，既然这家伙这么快就支付了 7.5 万美元，他一定愿意支付 8 万美元。于是他们回电报说：“价格改为 8 万美元，绝不降价。”康拉德完全可以再支付 5 000 美元，但他决定到街道对面的酒店里休息一晚，然后再作决定。在莫布里酒店，疲惫不堪的康拉德·希尔顿却并没有找到房间。酒店营业员告诉他：“现在没有空房间，但如果你愿意多等一会儿，你就可能会得到一个房间的 8 个小时使用权。”

“为什么只有 8 个小时？”他问道。

这位营业员告诉他，由于当地发现了油田，很多酒店都将房间分成 3 段出售。希尔顿后来回忆道：“这是一个廉价旅馆和金矿的交叉点。”突然之间，他对银行失去了兴趣，第二天一大早，他就用 4 万美元买下了一座酒店。这就是希尔顿酒店帝国的开始。

康拉德·希尔顿拥有一位优秀决策者应该具备的所有特点。他懂得把握时机，能够有效地作出决定，有勇气下定决心，而且愿意接受不确定性——希尔顿走出第一步所必需的品质。至于授权能力，希尔顿的成功在很大程度上都要归功于他的这一能力。不过虽然拥有很多优秀的决策品质很重要，但这只是希尔顿取得成功的一小部分原因。那么，像希尔顿这样的人士到底是如何作决定的呢？下面我们就来仔细探究究竟怎样才能作出明智的决定，并正确地推进整个决策过程。

CHAPTER 2

第 2 章 决策的类型

世界上每 100 家破产倒闭的大企业中，85% 是因为企业管理者的决策不慎造成的。
——美国兰德公司（世界著名的咨询公司）

很多时候，我们都会用相同的技巧来作所有的决定。但并不是所有事情都具有同样的重要性。当你最重要的那些决定并没有达到预期效果时，你是否曾经分析过其中的原因呢？想想你人生中那些最为重大的决定，选择什么学校、接受怎样的培训、选择什么职业、职业生涯的发展、婚姻、居住地、迁移地，要作哪些投资等，选择其中的 5 项，写下来，分析一下这些决定是否达到了你预期的效果。这些决定最好既有成功的也有失败的。

写下你作出的最重要的 5 个决定

1. ________________________________
2. ________________________________
3. ________________________________
4. ________________________________
5. ________________________________

然后仔细分析一下每个决定，找出当中的共同点。你是否记得作出每个决定时的具体情况？你是否可以根据自己作决定的方法将这些决定进行归类？它们是你凭直觉得出的，还是通过逻辑分析之后得出的？

就像我前面曾经说过的那样，谈到决定过程这个话题时，问题通常不是出在决定本身，而在于你如何定义自己所要作出的决定。当面临一个决定时，大多数人都只是在黑暗中摸索着寻找答案，这时麻烦就开始了。当你对自己的决定并没有完全的把握时，你往往就会采取一些过激的做法，导致有时会把一个本来可以解决的问题变成一个无解的难题。

决策的 5 种类型

充满自信的决策者通常会首先站在中间立场上，仔细权衡一个决定的各个方面，然后才最终想出一个合理的解决方案。那么你怎么判断一个解决方案是否是最佳的呢？一个最好的办法就是对方案进行分类。当你仔细分析一个方案时，你就会注意到你可以用不同的方式将其归类或定义。一旦你确定了该如何定义，你就可以选出能达到最佳决策效果的方法。一般来说，我们日常所作出的大多数决定都可以分为以下 5 种类型：

1. **标准型决策**（parameters）。那些最不重要的决定应当花费最少的时间。对于这种决定，不妨设定一个最低的标准，只要能够满足这些标准，你可以随便采纳任何一种选择。需要提醒的是，在遇到这类问题时，各种选择之间往往并无优劣之分，你只需要接受出现在你面前的第一个选择，然后给自己腾出时间去做其他事情就可以了。我们日常生活中的很多决定都是属于这种类型，学会如何最大限度地利用这种决策方式将会大大提高你的决策力。

2. **政策型决策**（policy）。这一类通常是你最重要的决定。你应当根据自己的“工作宣言”或者“公司政策”以及你的个人价值观来作出这些决定。你的决定是否符合这些原则？还有，你是否需要制订一份新的政策，还是只要在原有的基础上略作调整即可？

3. **分析型决策**（analysis）。在作这种决定时，你需要分析哪些方案可行，哪些方案是绝对不可行的。这种类型的决定通常会有对错之分，它需要你作出严格的判断。

4. **判断型决策**（judgment）。有时候你面前同时会出现多个选择，这时你必须判断出哪个是最佳的。这种类型的决定往往需要你作出判断，需要你运用自己的逻辑决策技巧来作出选择。

5. **综合型决策**（synthesis）。当需要你综合很多因素来构思一个新的解决方案时，就属于这种类型的决定。当你面前所出现的所有选择似乎都不太合适时，你就需要作出一些综合性的决定了。这种类型的决定往往都是很独特而有创造性的。

选择你的决策流程

一旦确定了自己所遇到的问题属于哪一类型之后，决策过程就自动开始了。但问题是，你怎么知道自己所面临的决定属于哪一种类型呢?

在你尝试作任何决定之前，问问自己下列问题，你就清楚了你的核心问题是什么。然后你必须对自己需要作出的决定进行归类。为了更清楚地说明问题，下面我们来仔细分析这些问题。

1. 这个问题是否需要你作出十分复杂的决定

我们总是会在那些其实无关紧要的问题上浪费很多时间。比如，你在进行一个商务旅行，从达拉斯到休斯敦。你打算在休斯敦国际机场附近找个旅馆过夜，此时你距离机场还有 90 千米，而你已经很困了，所以决定沿途找家汽车旅馆休息。这时你发现路边有一家看起来不错的汽车旅馆，可就在你开车往这家旅馆的路上，你看到大约 100 英尺之外还有一家看起来似乎更好的汽车旅馆。你决定再往前开 100 英尺，然后你又看到大约 100 英尺之外又有一家看起来更好的旅馆。你发现问题了吗？因为你总是想要找到更好的旅馆，所以你永远都无法作出决定。可仔细一想之后，你就会发现，这个问题其实并没有那么重要，根本不值得你在上面花费那么多心思。

当一个决定相对来说不是那么重要，也不需要那么复杂的解决方案时，它就属于我们在上面提到的运用最低标准类决定。当你只是需要解决眼前的问题，而且并不会对你产生任何长远的影响时，比如说到底要买哪本杂志带上飞机，最好的办法就是事先给自己设定一些基本的标准，然后抓住第一个能够满足你这些标准的选择。比如说上文中的选择旅馆的例子，你只要事先给自己确立一个标准：费用不超过 50 美元，有一个干净独立的卫生间，然后你不妨选择第一家符合这些条件的旅馆。

在作决定时，第一步就是问自己，这个决定会产生哪些长期影响？如果它们并没有那么重要，你可以使用固定的标准来帮助自己作出决定。

2. 这是问题，还是机遇

在体育比赛中，橄榄球是一项解决问题的比赛，而篮球则是一项把握机遇的比赛。当你在橄榄球比赛中打前锋时，你必须学会冲破对方的后卫，而当你在打后卫时，你必须学会预测对方的举动。篮球比赛则有着本质的不同，因为篮球在双方之间传来传去，转换很频繁。这是一项关于机遇的比赛，因为双方都在等待对方出现失误。一旦一方出现失误，另一方就会立刻抓住机会。双方想要的结果都是一样的，都想得分，可双方采取的方法却截然不同。仔细分析一下你所要作出的决定，你是要解决一个问题，还是要把握一个可能会带来回报的机会？一旦分清你所面临的是问题还是机遇，你就可以判断到底该采用哪些决策方法，以及自己可以多么迅速地作出决定。

如果你需要立刻对问题采取行动，刚开始你可能感觉有些痛苦，把问题想象得比实际还要严重。如果你行动过于缓慢，比如说花费太多时间进行分析，你可能就会陷入瘫痪，最终会导致更加严重的后果。对于机遇，如果你过快采取行动，你可能会发现自己不得不承担巨大的启动成本，而你的竞争对手可能只是在一旁等待，在你付出了一系列代价后，他们就会乘虚而入。而如果你行动过于缓慢，你的竞争对手很可能就会把你远远地抛在后面。

经典案例

瑞士手表制造商就曾经遇到过这样的情形。很长时间以来，瑞士人几乎垄断了全世界的手表制造行业。可就在20世纪70年代，一件特殊的事情发生了，一直在电子领域占据领先位置的日本人发明了一种电子手表，在设计和价格上都足以对瑞士手表构成威胁。石英表最初是瑞士人发明的，但他们并没有大规模生产这种手表，因为他们一直都主导高端手表市场。而日本人则迅速采用了石英技术，生产出了一种跟瑞士表一样精确，但成本却只有瑞士表1/10的手表。这一举动几乎摧毁了整个瑞士制表业。

瑞士人怎么会允许这种情况发生呢？一定是有人在某个地方作出了错误的决定，他们决定维持传统的手表设计，而不是把握自己面前出现的新机遇。让事情变得更加糟糕的是，瑞士人还进一步提高了手表的价格，这就给日本人提供了完美的可乘之机，他们对瑞士人的制表工艺作了改进，生产出了当时世界上最薄的手表，只有2.5毫米厚。

日本人的这一举动最终引发了瑞士人的反击。他们将眼前的问题变成机遇，开始重新反思自己产品的设计，推出了一款厚度不到1毫米的手表。然后他们又对市场进行了重新评估，选择面向大众市场，并进而推出一系列既维持瑞士表原有的设计水准和精准度，同时价位又能为大众市场所接受的手表。最后，瑞士人想出了一个天才的设计方案，他们设计了一种颜色和风格多样的手表，Swatch手表应运而生！20世纪80年代后期，3 000万只Swatch手表冲入市场，瑞士手表行业死而复生。

经典案例

有时候你可能根本无法控制作出决定的时机，这时在很大程度上就要靠运气了。在《世界是我家》（*The World Is My Home*）一书当中，詹姆斯·米彻纳讲述了自己的第一本书《南太平洋之恋》（*Tales of the South Pacific*）是如何因为“撞”上好运而成为畅销书的故事。1946年底，麦克米兰出版公司已经完成了该书稿的最后编辑工作，《星期六晚间邮报》（*The Saturday Evening Post*）希望在自己的杂志上刊登这本书里的两段故事。但《星期六晚间邮报》最早也只能在1947年才能出版这期杂志，而到那时这本书已经面市了。米彻纳需要迅速作出决定。如果想要把握这次机会，他就要说服出版商将这本书的出版日期延迟到1947年。

米彻纳决定抓住《星期六晚间邮报》提供的这次机会，将出版的时间推迟，对他来说，这是一个相当大胆的决定。普利策奖通常会颁给前一年出版的图书，1946年，普利策奖颁给了罗伯特·佩恩·沃伦的《国王班底》（*All the King's Men*）。1947年，这个奖颁给了《南太平洋之恋》。如果米彻纳的书按照计划在1946年底出版，根据他自己的估计，很可能会输给罗伯特·佩恩·沃伦的作品。同时在他看来，1947年的出版市场竞争不是很激烈，因而这一年是他的作品获奖最有利的时机。

因此，无论是面对问题还是机遇，作出明智有效的决定才是非常关键的。但前提是要先分清你所遇到的是问题还是机遇，然后确保你能够在一定的时间期限内作出适当的归类。

3. 是否有现成的标准可供参考

在决定是否作一件事情的时候，其中一个重要的参考就是之前有过的类似案例。比如说你的公司有一位推销员，在过去的 5 年当中，他成功地向东北地区出售了价值 30 万美元的扫雪机。今年这一数字下降到了 25 万美元，显然比往年下降了一大截。你应该解雇这个人呢还是再给他一次机会？

这时你要作的不是在床上辗转反侧，担心自己可能会看起来像个坏人，而是翻看一下公司的相关规定。你以前遇到类似的情况时会怎么办？你会给你的员工多大的空间？这个问题是否通常都是由销售经理来处理的？如果你之前曾经处理过类似的问题，但却一直没有将其写进公司的规定中，不妨考虑现在开始把它写成一项规定，这样你以后遇到类似的问题时就不会不知所措了。

那遇到机会的时候该怎么办？假设你在西雅图经营一家销售园艺工具的公司，一位客户告诉你，他有一集装箱 10 速的自行车，5 天前刚从港口拉出来。订购这些自行车的连锁商店刚刚破产了，你可以用 1/4 的价格买下这些自行车。听起来是笔好生意，但你无法作出决定。

这时你需要翻看一下公司的相关规定。如果你是在经营园艺工具的公司，你的公司规定可能并没有告诉你到底该如何处理自行车的事情。所以不管能赚多少钱，如果你的工作指引（除非你愿意修改自己的工作指引）没有相关的规定，你都应该拒绝这笔生意。罗伊·迪士尼曾经说过，一旦有了清晰的价值观，作决定就很容易了。**如果某件事情明显违反了你的价值观、道德观或者是你公司的目标，那么不管有多大诱惑，也要坚持拒绝。**

高档百货店运营商诺斯壮百货之所以能够取得巨大成功，一个重要的原因就在于它那只有一页纸的公司政策，上面写着：“欢迎来到诺斯壮百货，很高兴您能加入本公司。我们的头号目标是为客户提供无与伦比的服务，为你的个人生活和职业发展确立高远的目标。我们相信您有足够的能力来实现这一目标。诺斯壮百货的第一规则，在任何情况下都要运用你良好的判断力。仅此而已。”

美国最成功的奶制品连锁商店，位于康涅狄格州的斯图·伦纳德商店，让人将公司政策刻在公司门前的石头上。只有两句话："规则一，客户永远是对的。规则二，如果客户错了，请重读规则一。"这难道不是一条很伟大的规定吗？如果想要从事一个"客户永远犯错误"的行业，你可以去当警察，而不是开商店。设想一下，诺斯壮百货和斯图·伦纳德奶制品商店的员工们每天会遇到多少次需要作出判断的事情。但无论遇到多少问题，只要一想到公司的这几条规则，他们立刻就能作出判断。

所以在对一项决定进行分类时，第三个要素就是对照一下你的公司或者是你个人所坚持的行事规则。如果规则中提到了这些问题，不妨按照规则办事。但有一点需要记住，千万不要随意修改这些规则，一旦确立了，就必须严格坚持下来。这样出现了规则中提到的问题，你就不需要另外作判断了。如果你面对的是一个以前从来没有遇到过的问题，不妨把你这次所作的决定写下来。这样以后再遇到类似问题时，你就有记录可以参考了。

4. 这个问题是属于哪种类型的

另一个作决定的方法是尝试着找出你在寻找的是哪一类型的答案。一般来说，你所要作的决定可以分为以下 4 种。

类型 1："是对还是错"的决定。这属于分析型决定类型，你可以通过查阅具体的原则来判断什么行得通，什么行不通。比如，你想要找到一个解决能源问题的方法。要想真正节约能源，你觉得需要设计一套可以通过空气将电传送到汽车上的系统，就像传送广播或电视信号那样。这时你就要对这一创意的可行性展开分析，通过分析，你发现从物理学的角度来说，这种想法根本不可能实现。于是你得出结论：通过空气来传输电的想法根本是不现实的。

类型 2：有多项选择的决定。那么，有多项选择的决定是怎样的呢？1991 年冬天，老布什总统必须决定该带哪些顾问去日本参加贸易谈判。他可以选择商业领袖、劳工领袖，甚至是前任国务卿。这种类型的决定需要首先进行逻辑分析。在下面的内容中，我将教会大家几种解决这种复杂问题的方法。现在你只需记住，这种决定是属于需要你发挥自己的“判断力”的类型。

类型 3：没有正确答案的决定。当你搜寻正确答案，但却似乎总是找不到时，又该怎么办呢？比如说你的孪生兄弟忘记你的生日，你的个人收入所得税补贴又无法兑现。要想解决这种类型的问题，往往需要你充分发挥自己的想象力，因为你以前从来没遇到过类似的问题。这时你需要发挥“综合”能力推动事情的发展。举个例子，我相信你已经听说过圣地亚哥旅馆的事情，旅馆建成之后，管理者们突然发现这家旅馆根本没有安装电梯的空间。一群收费高昂的工程顾问站在旅馆大厅里，一时不知所措。最后，一位看门人走上前来说道：“为什么不在大楼外面装部电梯呢？”这群工程顾问一下子惊呆了，他们从来没想过可以这样作！习惯性思维对他们的束缚太深了！幸运的是，这些工程师还算开明，他们认真思考了看门人的建议，现在，我们在世界各地都可以看到设在大楼外面的电梯。

类型 4：“做还是不做”的决定。这可能是最简单的决定了。具体来说，你遇到的问题可能包括“是否去滑雪”或“今天是不是要跟会计一起共进午餐”。虽然问题都很简单，但却未必是最容易的。这时你通常只有两个选择，但每一个选择都会带来一些相应的结果。在后面的内容中，我将会教你在遇到比较困难的局面时该如何选择。

一旦分清自己要作出的决定的类型，你就可以运用我在下面几章将要详细谈到的决策方式来作决定。

5. 这个问题是真实存在还是你想象的

接下来的步骤非常关键。你必须判断清楚自己所遇到的问题是真实的还是想象的。人们经常会在一些假想的问题或机遇上花费太多时间。很多新闻部门都会遵守这样一个原则：没有什么比事情的初次报道更糟糕（或更好）的。这一原则的主要目的是教导记者们不要小题大作。

还记得 1991 年初伊拉克向特拉维夫发射第一枚飞毛腿导弹吗？当时 CNN 和 NBC 都报道说这枚导弹带有化学弹头，相比之下 CBS 却表现得比较谨慎。当报道说以色列人因此而被送往医院治疗后，NBC 的汤姆·布洛考宣称：“以色列人必定会采取报复行动。”但事实上，导弹并没有包含化学物质，以色列人也被劝说不进行报复行动。正像那句口号所说的那样：“没有什么比初次报道更糟糕的了！”

同样的事情也发生在公司里。比如，你听到消息，说公司里有一位高层将要辞职，突然之间，所有人都开始琢磨这件事可能会引发的后果，琢磨自己该怎么办。这时你需要做的第一件事情就是确认这个消息是真是假，而不是直接自动进入决策阶段。

面对机遇时也是如此，你首先要弄清这是真正的机遇还是自己想象出来的机遇。比如，有人告诉你行业里有一家公司正在寻求出售。你是否会直接考虑自己该如何处理收购事宜；它将会对你公司的员工产生怎样的影响；如果竞争对手在你之前抢走了这家公司，这将会对你的公司产生怎样的影响？

根本没有必要。其实，你首先应该确认这家公司是否真的要出售，如果的确如此，价格是多少。你是融资买入，还是要用股票进行交换？除非你已经确定不发起收购，否则你就要继续搜集信息，而不是思考具体该怎么办。采取行动前先搜集信息是聪明的举动。这样你就知道这个决定是否值得作，这是个机会还是只是假想。如果这只是一个假想的机遇，你就停止一切担心吧。放松，就像什么事情也没发生一样，只要你别采取过激的行为，什么事情都不会发生。

6. 这是人才的问题，还是资金的问题

在任何一家公司中，最重要的两种资源都是资金和人才。不幸的是，这也就意味着所有的麻烦都可以被归为这两类，有的甚至二者兼有。如果不能确定你所面临的是人的问题还是钱的问题，你就会出现很多混乱。下面我们用鲍勃的故事作为案例。他抱怨道：

我在新泽西拥有62家汉堡包连锁店，它们是我在高中毕业之后从叔叔那里借了1 000美元创建的。我用泪水和汗水终于把这家公司发展壮大。最初的3年时间里，我每天工作18个小时，每星期工作7天，直到我有能力请人来帮忙。问题就出在我第一个员工身上，他现在是我们公司的执行副总裁。是我造就了这个家伙！认识我的时候，他还流落街头，现在他住着豪宅，开着奔驰。可就在昨天，这个家伙居然告诉我他想要辞职，并加入竞争对手的公司。他怎么能这么对我呢？要知道，他能有今天，全靠我！我问他如果增加工资，他是否愿意继续留下？他说那样当然会留下，但他希望年薪能增加5万美元！这简直是在敲竹杠！

显然，鲍勃遇到的其实是钱的问题，不是人的问题。如果他能够看清这一点，他就会冷静下来，思考该如何通过谈判来解决这个问题。他应该冷静地告诉自己，OK，只要5万美元就可以解决这个问题，但我怎么才能找到更好的解决方案呢？5万美元显然不太合理，而且他也知道我不会接受这个条件，因此他一定有其他的原因。我们可以谈谈，一切都会解决的，可能只要1万美元再加一辆新车就能解决问题。一旦找出问题所在，答案就非常明显了。

7. 如果顺其自然，后果将会怎样

虽然这似乎跟你的天性相违背，但当你遇到问题时，不妨问问自己，如果我先把问题“冷冻”起来，不理它，结果将会怎样？情况是会变好还是会变得更糟？

很多人在谈判中遇到问题时都会给我打电话，希望能从我这儿得到建议。只要我在办公室，我都乐于给他们提供建议。但因为经常在外地演讲，所以很多时候只能等我回来后才给他们回电话。时间一长，我发现了一个非常有趣的现象。如果我几天之后才给他们回电话，他们的问题大部分都已经解决了。也就是说，有超过一半的问题，其实最好的解决方法就是不去解决。

所以遇到问题时，不妨问问自己：如果我不去解决，情况会变得更糟糕吗？如果答案是否定的，不妨等上一段时间，看问题是否能自行消失。

8. 这个问题是独一无二的吗

在对一个问题进行思考时，最后要问自己的就是：这个问题是独一无二的吗？一旦你发现了它的独特性，一切问题都迎刃而解了，这时你就会知道该如何作决定。如果还不知道该怎么办，那很可能是因为你以前从没有遇到过类似的问题。如果是这样的话，通常会有 3 种可能。

第一种可能是虽然你以前没有遇到过这种情况，但其他人遇到过。比如，你生病了之后，你可以了解你的亲戚是否有过类似的疾病；或者公司出现财务问题时，你可以了解一下其他公司是否也出现过类似的问题。假如这个问题是你第一次遇见，但其他人却不是第一次，你不妨咨询一些专业人士，比如医生、婚姻顾问，或者财会人员。有时候你会发现有些让你头疼多年的问题仅仅在你看来是特殊的，一旦你接受了这一点，你就会惊讶地发现有些专家每个星期都能遇上这类问题十几次。所以，遇到问题时首先想想其他人之前是否也遇到过类似的问题。如果答案是肯定的，不妨咨询一下他们。

第二种可能是这问题是独一无二的，从来没有人遇到过类似的情况。强生公司在处理止疼药泰诺的问题时，就曾经遇到过类似的情况，那件事情几乎可以将整个公司毁掉，更别提会给无数无辜的人带来危险。这种破坏性情况，如果处理不当，不仅会对泰诺在消费者心目中的形象造成巨大的伤害，而且甚至会让公司在整个制药行业失去公信力。强生公司迅速决定将产品下架，先后举行多次新闻发布会，并最终推出了“防盗”胶囊。就这样，强生公司通过综合分析和推理，对眼前的问题作出了正确的评估，并随之采取必要的行动保护公司的声誉，保护公众免受进一步的伤害，同时使自己成为危机管理的典范。

关于创造性的综合和分析的最终极案例当属美国国家航空航天局，该组织曾在空间项目上遇到过很多毫无先例的问题，任何人都没有解决这些问题的经验。他们使用创造性的综合的方式提出了很多创新的构想，然后通过分析找出最佳的方案。

第三种可能是你遇到了一个独一无二的问题，而且还有很多隐含的因素让情况变得更加糟糕。举个例子，你开了 3 家贺卡商店，其中一家总是赔钱。你会把这家店关了吗？其中可能是因为很多潜在的问题让这家店总是赔本，你需要首先找出这些问题。这家店的管理是否存在问题？是否是宣传不力的问题？它的地理位置怎样？这类问题需要你首先进行分析，找出潜在的问题，然后才能作出正确的决定。在下面的“决策分类”表格中，你可以看到该如何在归类决策的过程中加上这些问题。

对决策进行归类

还记得我在本章开始的时候请你列出的 5 种类型的决策吗？我建议你不妨回头看看这些决策类型，然后用我提过的 5 种方式对你的决策归类，填入下面的表格。

决策分类表 2-1

标准型决策	政策型决策	分析型决策	判断型决策	综合型决策

你是否注意到自己作决策时的一些固有模式？你是否想过，如果

将自己的决策归入不同的类别，使用不同的方法，你得出的结论可能会截然不同？举个具体的例子，你本来打算搬到亚利桑那州，当时你可能是用标准型决策法来作这一决定的。但如果你尝试使用综合型的方法重新思考这一问题，你还会得出相同的结论吗？

到目前为止，相信你已经学会了几种不同的看待决策过程的方法。在正确评估了自己所遇到的问题，对决定类型进行了正确的归类之后，比如标准型决策、政策型决策、分析型决策、判断型决策以及综合型决策等，你就完成了一些必要的前期工作，接下来就可以作决定了。但如果你仍然不能下定决心，那又该怎么办呢？或者在思考完我前面列出的 8 个问题之后，你仍然不能对自己的决策进行正确归类，又该怎么办？要想作出正确的决策，除了要学会对决策进行归类之外，理清决策的框架同样重要。关于这一点，我们将在下一章详细谈到。

决策分析表 1

长期影响
不会
会
使用标准型，采纳第一个符合条件的选择
问题还是机会
机会
是
遵守或改变相关规定
是
确定规则
问题
是否有相关规定
不是
可能会再次出现
不
对决定进行分类
有正确和错误的答案
有正确和错误的答案
根本没有合适的答案
“作还是不作”类型的决定
分析和判断
潜在的原因
独一无二
创造性综合及分析
咨询专家
其他人曾经遇到过
在继续下一步之前，思考以下问题：
是问题还是机遇，或是假象
是人才的问题、资金的问题，还是二者兼有
如果“冷冻”起来，结果会怎样
判断那些独一无二的因素

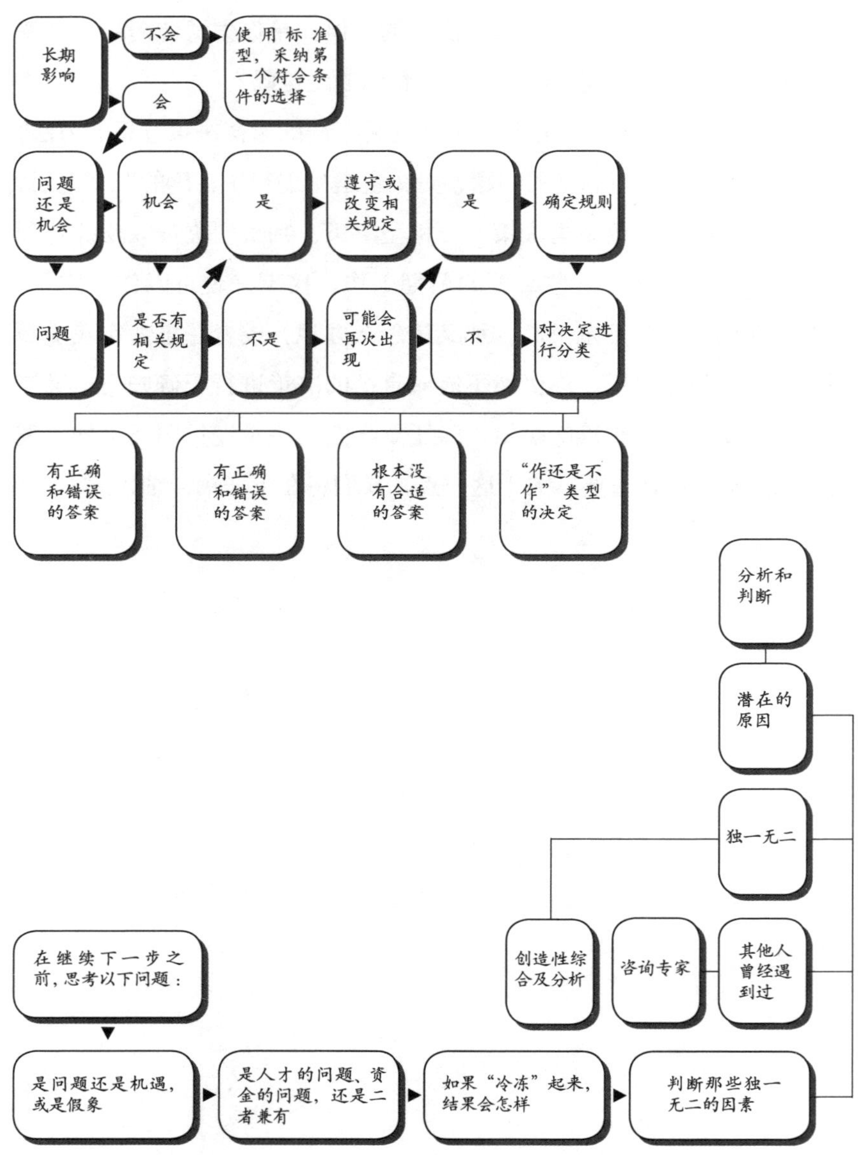

CHAPTER 3

第3章
绘制你的决策蓝图

如果有一个项目，首先要考虑有没有人来做。如果没有人做，就要放弃，这是一个必要条件。
——柳传志（联想集团总裁）

如果没有精确的蓝图，恐怕任何建筑工人都不能盖起房子。蓝图是一切建筑的基础。如果蓝图有问题，出来的任何结果都不可能正确。作决定的时候也是如此。

在经营房地产公司期间，我所经营的那家公司在每次盖楼之前都要有一份规范的蓝图。有时候我们也会想要修改一下房屋图纸的设计。比如，我们想要改变一下房子的布局，把车库从左边改到右边。最初，为了省下重新绘图的成本，我们干脆直接告诉建筑商："没关系，接着盖吧，记得修改图纸就可以了。"现在看来这不是聪明的决定，因为这把建筑商弄糊涂了。记得有一次，我们去工地检查，结果大吃一惊，建筑商还是按照最初的图纸在打地基，他完全忘了要改动车库位置了。就像西塞罗说过的那样："人人都会犯错，但唯有傻瓜一错到底。"从那以后，无论作多小的改动，我们都会不惜成本地重新绘制图纸。

在作决定时，绘制一份精确的蓝图同样重要。这意味着你对问题有一个完整、正确、清晰而又简明的认识，这是自信决策的关键。听起来很简单，但事实并非如此。

学会简洁地阐述问题

曾经有一位男士给我打来电话，希望我能帮助他解决一个难题。我告诉他我只有 5 分钟时间，因为我必须搭乘飞机飞往旧金山。"告诉我你的问题是什么，”我说道，“如果我不能马上告诉你答案，我可以在飞机上仔细想想，等我到酒店之后再给你打电话。”于是他开始从他开公司的经历讲起……我把电话夹在脑袋和肩膀之间，一边听一边往公文包里装文件。2 分钟之后，我说 ：“对不起，我的时间已经不多了，可我还没弄清你的问题到底是什么。”

他说道 ：“别着急，我马上就说到了。”然后继续滔滔不绝地讲自己的故事。

4 分钟之后，我再次打断他 ：“请直接告诉我你的问题好吗？”

他又说道 ：“马上就说到了。”然后又继续谈自己的故事。

又过了 5 分钟，我的助理开始在我旁边敲敲自己的手表，告诉我就要误机了。可我到现在还是不清楚他到底为什么要给我打电话。他可能是在向我推销他公司的铝制品，也可能是在说服我提供政治捐款，也可能他真的遇到了棘手的问题，总之我一头雾水。我告诉他 ：“好吧，现在我知道你的问题了。你的问题在于你根本不清楚自己的问题是什么。我的建议是，你首先用几天时间搞清楚你所遇到的问题，直到你能把问题简洁地描述出来为止。然后再给我打电话，我再告诉你该怎么办。”这家伙太糊涂了，我根本不敢问他在哪儿给我打的电话，因为他很可能会告诉我 ：“我是从街道拐角的一个电话亭里打给你的，这条街的名字好像叫……”

如果只有 5 分钟时间来作某个决定，你陈述问题的时间就不应该超过 1 分钟，这样你就有 4 分钟的时间来寻找正确答案。如果我们有 5 个小时的时间作决定，我们通常需要 1 个小时的时间来描绘自己所遇到的问题，然后用 4 个小时来找到正确的解决办法。如果只有 5 年时间去解决一个世界性的问题，比如说全球性的恐怖问题，而你却用 5 年时间夸夸其谈，却根本没有采取任何实际行动的话，那就是一个悲剧了。

所以绘制决策蓝图是你自信决策的关键。毕加索曾经说过 ：“电脑毫无用处，它们只能给你答案。”他并不是自大无知。如果不能提出正确的问题，答案将毫无意义。要想清晰地描绘出你的问题，你需要解决以下几个问题。

你究竟了解多少

人类总是喜欢高估自己。威尔·罗杰斯曾经说过：“真正麻烦的不是我们不知道某件事情，而是我们不知道自己不了解这件事。”心理学家称其为“乐观因子”。在进行自我评估时，我们通常总是会显得过于乐观。

下面让我们来作个测试。我将问你 10 个问题，你可以用一个具体的数字来回答。但我并不要求你给我一个具体的数字，你可以用一个数字区间来回答。比如我问你美国有多少个州，你不用告诉我“50”，你可以告诉我 49～51 之间，这样就可以确保你的回答不会有误。如果我问你从洛杉矶到纽约有多少英里，你可能并不是那么确定，这时你可能会提供一个范围更大的区间。比如你可能说在 2 000 ～3 000 英里之间，这样你对自己的回答有 90% 的把握。你的区间范围多大都可以，但我希望你对自己的答案至少有 90% 的把握。

如果你对我所提的问题一无所知，不妨扩大你的答案的区间范围，直到你有 90% 的把握为止。

问题：

1. 亨弗莱·鲍嘉一共拍摄了多少部电影？
2. 珠穆朗玛峰到底有多高？
3. 沃特·迪斯尼一共获得多少次奥斯卡奖？
4. 美国第一枚人造卫星在太空停留了多长时间？
5. 你有 1 美分，如果每天增加 1 倍，1 个月后，这笔钱将有多少？
6. 马丁·路德·金去世时年龄多大？
7. 人体内有多少根骨头？

8. 美国造币厂当前印刷的最大面值的钞票是多少？

9. 贝比·鲁斯在 1931 年时的薪水是多少？

10. 用 3 个字母和 3 个数字可以组成多少种不同的车牌号？

答案：

1. 从 1930 年的《这样的百老汇大街》(*Broadway's Like That*) 到 1956 年的《无冕之王》(*The Heart of a Fall*)，亨弗莱·鲍嘉一生共拍摄了 77 部电影。

2. 珠穆朗玛峰高 29 028 英尺。

3. 沃特·迪斯尼共赢得 51 次奥斯卡奖。

4. 美国第一枚人造卫星在太空停留了 12 年，从 1958 年到 1970 年。

5. 如果将 1 美分每天翻 1 倍，30 天后，总金额为 5 368 709.21 美元。

6. 马丁·路德·金去世时年仅 39 岁。

7. 人体内共有 206 根骨头。

8. 自 1969 年以来，美国印钞厂印刷过的最大面值的钞票是 100 美元。他们曾经印刷过 10 万美元面值的钞票，但后来由于没有人需要这么大面值的钞票而停止印刷。

9. 贝比·鲁斯 1931 年时的薪酬为 8 万美元，这创下了当时的纪录。很多人猜想的答案都偏低。鲁斯的球队老板曾经告诉他："你知道你去年赚的钱比胡佛总统还要多吗？"他回答道："我知道，但我比他干得好。"

10. 用 3 个数字和 3 个字母，一共有 17 576 000 种组合。如果把这些组合用在车牌上，将可以涵盖除加利福尼亚之外的所有州的所有车辆。根据注册登记的统计数据，加利福尼亚大约有 2 200 万辆汽车，排名第二的是得克萨斯，拥有大约 1 300 万辆汽车。

计算一下，你得了多少分？如果你的区间足够大，大到你对 90%的答案都有把握，那么你可能答对 9 道题而只错 1 道题。但事实上，大多数人都得不到这么高的分数。关键并不是测验你到底知道多少，而是在测验你认为自己知道多少。你所掌握的知识可能并不像你感觉的那么多。大多数人都太乐观了。

在为一个问题绘制蓝图时，我建议你最好作一个现实主义者。你可能对某个问题或某个机遇的了解并没有自己想象的那么多。所以在遇到类似情况时，你最好作个现实主义者。你应该先搜集尽可能多的信息。一旦作出决定，你尽可能乐观一些，因为只有这样，你才能把你的决定推销给你的团队。

你真的拥有足够的信息来作决定吗

要想精确地绘制出你的决策蓝图，关键在于搜集尽可能多的信息。首先，你应该搜集多少信息？搜集信息是一项代价高昂的活动。你可以聘请一家广告代理机构来作市场调查或进行营销测试。你可能很快就会发现，虽然已经投入了巨额资金，可你所掌握的信息仍然非常有限。所以你必须在“信息搜集成本”和“搜集多少必要的信息”之间把握好平衡。

如果信息掌握不充分，你仍然很难作出正确的决定。可能你会幸运地作出了正确的决定，但出现这种情况的概率并不高。每次要作决定时，你都应该问自己：“我是否掌握了充足的信息？”如果答案是肯定的，你就可以继续下一步，根据自己掌握的信息作出决定。如果答案是否定的，我建议你最好先暂停，直到你搜集到充足的信息之后再作决定。

在搜集信息时，还有一个需要考虑的问题就是你的时间限度。如果时间有限，它可能就会限制到你搜集的信息的数量。如果你在推广一种新产品，那么，你一方面要掌握充足的信息，一方面又不能延误产品的上市，这时你就需要在二者之间作好平衡。就像我前面说过的那样，如果在作决定时过于优柔寡断，你的竞争对手就会走到你的前面去。

关于搜集信息，我所能给你的最好的建议就是：预先建立一套能够帮助你搜集信息的系统。千万不要等到你需要搜集信息的时候才开始动手。举个例子，如果你打算明年买辆新车，不妨从现在开始就订阅汽车杂志，注意搜集那些你感兴趣的车型的介绍和评论资料。你甚至不用阅读这些评论，只要注意搜集它们就可以了。同时还要记得搜集汽车经销商的分类广告，了解不同车型的价格信息。这样，一旦你要作决定时，你手头就拥有了充分的信息。

或者你希望有一天能开一家餐厅。可能你对这件事情并没有一个清晰的计划，但请立即动手搜集信息吧。每次看到一篇关于餐厅的文章时，把它剪下来，仔细整理归档。当需要作决定的时候，你就会发现自己原来已经掌握了足够的信息来协助自己作出自信的决定。

搜集信息到底有多重要？毫无疑问，信息就是力量。掌握的信息越多，你犯错误的概率就越小。而且，信息非常重要，因为你了解得越多，你的直觉就越准确。

还记得每次你刚开始学习一样东西时吗？每次你都必须集中精神，将全部注意力集中到每一个细节上。第一次开车，你必须把握好每一个分解动作：打开方向灯、进挡、压下加速踏板、左边油门、右边刹车。一段时间之后，随着你开车越来越熟练，这些都变成了你的下意识动作。你可以很自然地完成所有这些动作，甚至连脑子都不用动一下。

大师手记

我的小儿子约翰和我决定去瑞士爬山。我们的目标是两座高山，一座是勃朗峰，大约 15 700 英尺高，第二座是马特霍恩山，就是派拉蒙电影上的那座山峰。它们是两座截然不同的山峰。勃朗峰爬起来很慢，登山者穿着专业的铁钉鞋，相互之间用绳索连接起来。要爬上这座山峰非常困难，而且很累。马特霍恩山则不同，你完全可以徒手爬上去。但我和约翰都没有什么爬山经验。

于是我们从南加利福尼亚的塔奇兹山请了一位教练来教我们。很快我们就发现有很多事情需要掌握。首先，必须了解登山扣、岩钉，以及不同绳子的承重，必须了解重力，还要学会用重力判断攀登岩石时的压力点。而且你还必须知道手与岩石之间的摩擦有多大。一般来说，除非你能够维持住3个受力点——比如，双脚单手或双手单脚，否则千万不要坐到一块岩石上。你还必须学会用脚攀登而不是用手。登山新手总是喜欢用胳膊攀登，但这样会让你筋疲力尽。一位经验丰富的攀岩者则知道该如何用手攀登，用腿使力。刚开始学习攀登时，一切看起来都非常奇怪，我们的动作也非常笨拙。过了一段时间之后，突然之间，一切动作都开始变得流畅起来。我们可以更好地预见下一个动作，比如说该把手放在哪儿，把脚放在哪儿，如何在一块岩石上从一个位置转到另一个位置。

在马特霍恩山时，我上了我一生当中最有意义的一堂课。记得当时我不知道该怎样作下一个动作，那块岩石的表面太滑了。我的法国向导就在我上面的一块石头上，要把绳子递给我。但我看不到他，只好冲着上面大喊。“天哪，到底该怎么办！”我叫道，“根本无路可走。”

他回答说：“罗杰，你必须找到一条路。否则你就在这儿待一晚上吧。”就在这个时候，我突然第一次真正地理解了什么是“激励”。当寸步不前比冒死一试让你更加痛苦时，你就开始行动了。所以我抓住绳子，拼命一荡，荡到了另一块岩石上。

自信的决策过程就像学习爬山的过程。你所掌握的信息越多，你在作决策时拥有的框架就越清晰。这样你就不用仔细计算每一个步骤，而是凭借自己的直觉迅速作出决定。

信息偏离会阻碍你作决定

搜集信息的过程中，你一定要清楚人们搜集和分析信息的方式其实是非常不精确的。我把这种情况称为信息偏离。设想有一条船正在穿过金门大桥准备离开旧金山港，它的目的地是香港。导航员非常清楚自己的路线，他甚至知道该如何随着洋流、风向和其他变化因素调整自己的航向。但在这次为期 4～5 个星期的航行中，很多事情都会使这艘船时不时地偏离自己的航线。很多因素都会发生作用，每个因素发生变化时，船长就必须设法作出调整。

搜集信息的时候也是如此。要明白，当你为了一个决定而搜集信息时，很多因素都可能会让你偏离自己的航线。如果意识不到这一点，你就可能会借助不精确的信息作决定。在搜集信息的过程中，你可能会遇到以下几种信息偏离的情况。

1. 可获取性偏离：关注于容易获得的信息

你会更加看重那些自己很容易获取的信息。简单地说，就是你越注意某些信息，就越容易在潜意识中夸大它的重要性。新闻报道最容易导致可获取性偏离，因为报纸和电视新闻对事情的关注点并不同。下面举几个例子：

死于胃癌的人多还是死于交通事故中的人多？你可能会觉得是交通事故，因为根据你听到、看到的信息，死于交通事故的人要远远多于死于胃癌的人。但事实上，死于胃癌的人数是死于交通事故的人数的 2 倍。

死于肺炎的人多还是死于谋杀的人多？你可能会选择谋杀，因为你听到的这样的事情比较多。但事实上，死于肺炎的人是死于谋杀的人的 3 倍。

纽约的自杀率高还是新墨西哥州的自杀率高？纽约在美国是

自杀率最低的，它的自杀率大约只有新墨西哥州和亚利桑那州的1/3，但很多人都感觉新墨西哥州和亚利桑那州的生活压力比较小。如果你觉得答案应该是纽约，那么你也是另外一种形式的信息偏离的受害者。纽约其实是一个非常乡村化的州。只是我们接收到太多关于纽约城市生活的信息，所以我们会认为所有的纽约人都居住在大城市。

最后，是死于枪击的人多还是死于溺水的人多？后者是前者的3倍。

关于可获取性偏离的最经典的案例就是人们对于日本的普遍的误解。长久以来，很多人都认为日本人在大举购买美国的资产，但事实上，英国人和荷兰人在美国收购的资产数量要远远大于日本人。

2. 经验性偏离：受个人偏见的影响

人们总是倾向于根据个人的或职业的兴趣来过滤信息。让我来问你一个问题，最畅销的床垫是哪种尺寸，单人、普通双人、中号双人还是大号双人？你可能会选择自己正在使用的尺寸。因为我的是大号双人型，所以当我发现只有6%的人选择大号双人时，我感觉非常吃惊。后来我还发现，有39%的人选择单人型，26%的人选择普通双人型，24%的人选择中号双人型。

如果有人问你是去看垒球比赛的人多还是看篮球比赛的人多，你可能会选择自己喜欢的球赛类型。而且恐怕你很难相信这个世界上最受欢迎的比赛项目居然是高速赛车F1。

现在你应该明白经验性偏离是如何影响你偏离正常轨道的了吧。还有一个例子，一家汽车公司的CEO是从专门生产奢侈品汽车的部门升上来的。这时突然有一家竞争对手开始大举进军厢式旅行车市场，但由于这位CEO的职业背景，因此他对此并没有太大反应，因为他相信厢式旅行车只不过是一时的潮流而已，根本不会持久。

3. 冲突性偏离：跟你的信念相冲突

人们往往会拒绝那些跟自己的信念不符合的信息。如果你认为看电视是在浪费时间，那么，你可能很难相信美国人每个星期平均有 28 个小时的时间花在看电视上。素食主义者们很难相信美国人平均每人每年吃掉的肉重量甚至超过自己的体重。

4. 回忆性偏离：过于相信你的记忆

人们在回忆信息时往往不是那么精确。为了说明这一点，我们不妨来作个小测试。先读一下这些名字，然后回答问题。罗斯安尼·巴尔、拉赛尔·贝克、安东尼·奎尔、欧文·斯通、芭芭拉·布什、吉姆·巴克斯、理查德·刘易斯、莱昂娜·赫尔姆斯利、安德鲁·皮科克、黛安·索耶、玛格丽特·撒切尔和露西尔·鲍尔。我的问题是：在这张名单中，是女性多还是男性多？你可能会回答女性多。但事实上，我在上面列出的男性和女性一样多，都是 6 位，只是名单上女性往往都比男性更有名。这也说明了一个问题，人们总是更容易回忆起那些自己更加熟悉的信息。

还有一个问题。以 R 开头的单词多还是以 R 作为第三个字母的单词多？我想你可能会说以 R 开头的单词多。虽然 R 是英文中使用频率非常高的一个字母，但用它作为第三个字母的单词在数量上要大于以它开头的单词。但因为我们很难回忆起用它作为第 3 个字母的单词，所以我们很难相信这是真的。这也说明了人们总是更容易回忆起那些自己比较熟悉的信息。同样的道理，国际象棋选手们可以很快回忆起自己还没有下完的一盘棋，却很难记住随便摆放的残局。

5. 选择性偏离：优先记住对你最重要的事情

一个人不可能记住所有的事情，所以你总是会选择忘记那些你并不感兴趣的事情。假设你在经营一家体育用品制造公司。你非常喜欢高尔夫，但却对保龄球没什么兴趣。这时你就会特别关注高尔夫部门的一举一动，同时却对保龄球工厂里的事情丝毫不感兴趣。出现这种情况时，一定要调整自己。选择性偏离可能会让你付出巨大的代价。

经典案例

第二次世界大战之后，霍华德·休斯开始参与生产精密武器。他聘请了两位非常有才华的年轻科学家，西蒙·拉莫博士和德安·乌尔里奇博士，两人早期在加州理工学院时是同学。拉莫曾经供职于通用电气，乌尔里奇则在贝尔电话实验室，直到两人都加入了休斯飞机公司。他们开始研制军用电子设备，一切进展顺利。可霍华德·休斯对这些并不感兴趣，他当时花很多时间在拉斯维加斯追求女明星特丽·摩尔，所以在休斯飞机公司总部的时间大大减少。很快，管理层之间开始出现摩擦，他们希望霍华德·休斯能出面解决问题。可由于霍华德此时已经对飞机失去了兴趣，所以他并没有把这件事情放在心上。灾难很快爆发。

拉莫和乌尔里奇选择了辞职。在得到克利夫兰的汤姆森公司资助后，他们开始创办自己的公司，并用汤姆森、拉莫和乌尔里奇 3 个名字的首字母为公司取名为 TRW。后来 TRW 公司成为了航空和技术行业的巨头，甚至超过了休斯飞机公司。这故事说明了什么？千万不要让你的个人兴趣影响你绘制决策蓝图。

6. 锚定偏离：过于看重早先得到的信息

当对于某个领域没有任何经验时，你就会很容易选择接受自己最先接触到的信息。比如说将国际电话和电报（ITT）公司发展成大型跨国公司的哈罗德·格宁就是一个最好的例子。我曾经与 ITT 一家子公司的总裁共进午餐。他告诉我，当他第一次见到格宁时，格宁曾经问过他一个关于公司生产情况的具体数据。为了不暴露自己的工作疏忽，这位总裁只是大致猜了一个数字。会议结束后，他赶紧去核实数字，结果发现自己在会议上所报的数字根本不准确。于是他后来向格宁道歉，告诉了他正确的数字，并向他保证自己以后再也不会犯类似的错误。可问题是，一旦格宁记住了第一个数字，他就再也忘不掉了。之后，每次总裁遇到格宁时，格宁总是提到第一个数字。之所以出现这种情况，就是因为格宁的大脑已经锚定了自己第一次听到的数字。

房地产经纪人在向卖房人报价时也会利用对方的这一心理。在从自己的公文包里拿出报价单之前，他们总是会告诉卖房人：“好了，XX 先生，我知道您想要的价格是 20 万美金。但我要告诉你，如今人们很难一下子就直接接受报价，事实上，大多数买家都会要求你打 9 折，也就是 18 万美元。”这就让卖房人把心理价位锁定在了 18 万美元这个数字上。这样当后来经纪人报出 18.5 万美元的价格时，卖房人就很容易接受了。

大师手记

记得我去中美洲旅行时，有一天，我在洪都拉斯圣罗莎的一个小镇上找旅馆过夜。我的西班牙语并不好，但我能听懂那位服务员的话，他告诉我，那间客房的价格是 21 伦皮拉，他还自豪地说，他们的酒店有 75 伦皮拉一天的豪华客房，里面有地毯与有线电视。我非常清楚当时的汇率。我知道这间豪华客房的价格兑换成美元是 14 美元，一点儿都不贵。可由于我当时脑海里已经锚定了 21 伦皮拉的价格，所以 75 伦皮拉听起来就像是天价。所以我和我儿子最后定了两个 21 伦皮拉的房间，可刚刚定完我就后悔了。那位服务员应该先告诉我豪华客房的价格，让我在心理上锚定 75 伦皮拉，如果我嫌贵，他还可以向我推荐便宜一点的房间。

为什么要说这个故事呢？因为我曾经见过很多类似的情况，销售人员总是喜欢先向客人推荐便宜点儿的款式，因为他们担心把客户吓跑了。可由于锚定偏离，一旦客户听了低价，之后他就很难接受更高价格的款式了。

7. 近期效应偏离：记着刚刚发生的事情

所谓近期效应，就是指人们总是容易记住刚刚发生的事情。在3月被IRS判定有罪的人数之所以总是比一年中的其他任何一个月都多，来昂娜·赫尔姆斯利之所以在4月15日开始为逃税服刑，你之所以在看到一起交通事故后随后会放慢车速几分钟，都是由于近期效应。在商业领域，销售人员也更偏向于大力推销自己刚刚接受培训的产品。而制造商代表们之所以不断对销售人员进行重新培训，原因也就在于此。

8. 个人倾向偏离：被自己的决策蒙住双眼

所谓个人倾向偏离，就是指你通常会更加努力地寻找那些能支持你的信念的信息。为了克服这种心理，你需要有足够的主动性去寻找那些跟你的信念不符的信息。心理学家们曾经研究过赛马过程中观众的心理。他们将人们在下注之前和下注之后的心理状况进行了类比。结果发现，下注之前，人们非常紧张、焦虑，不清楚自己的决定是否正确。但一旦下注，个人倾向就会发生作用。他们的大脑开始支持自己刚刚作出的决定，这时他们不仅不再犹豫，甚至可能会将赌注加倍。

同样的规律也出现在商业上。比如，一家公司的执行官决定投资冲浪板行业。事实上，这是一个巨大的错误。冲浪的确是一个非常时兴的潮流，可问题是，只有那些狂热的冲浪爱好者才适合从事这一行业。但不管怎么说，这位执行官并没有意识到这是一个错误，因为一旦他决意要进入这一行业，他的大脑就会拼命强化自己的决定。一定要有足够的主动性去搜集那些可能跟你的信念，跟你之前作的决定相违背的信息。

要想了解更多关于信息偏离的情况，你可以参考我在前面列过的5种决定类型，分析一下你在作每一种决定时可能会出现怎样的信息偏离。

在你独立搜集信息或分析信息时，很可能会受我在上面谈到的信息偏离的影响。如果还有其他人向你提供信息，你还可能遇到另一个问题。这些人很可能会根据自己的个人利益选择性地向你提供信息。为了避免出现这种情况，建议你不妨思考以下几个问题。

(1) 向你提供信息的这个人是否会考虑自己的个人利益？他是否会有意无意地试图左右你的判断？

(2) 搜集信息的人在这一领域是否拥有足够的专业知识？来自非专业人士的建议可能会给你带来毁灭性的后果。

(3) 向你提供信息的人是否有这样或那样的偏见？他跟你的决定可能并没有任何利益关系，但他内心却有着某种偏见。比如，他可能比你更喜欢冒险，或者比你更加谨慎。他可能不喜欢将业务扩展到不同的行业，或者他可能对外贸行为存有某种偏见。

(4) 这个人有多少时间用来搜集整理信息？如果面临着巨大的时间压力，他提交的很有可能只是一份非常肤浅的书面报告而已。

绘制决策蓝图时需要避免的 5 个问题

搜集完信息之后，你开始绘制决策蓝图了。下面的 5 个问题可以帮助你提高绘制决策蓝图的准确性。

首先，你可能距离问题太远，因而看不清问题的真正面目。我之所以喜欢四处旅行，其中一个原因就是：只有身临其境，我才能真正感受到当地的风情。

前苏联刚一允许外国游客进入其境内，我就带着我的儿子约翰进行了一次为期两周的旅行。一想到终于可以亲眼看看这个超级大国的真实面貌，我兴奋不已。可当我们到达莫斯科的酒店时，眼前的景象不禁让我们哑然失笑。超级大国？这就是超级大国？在这里，没有一件东西是在正常运行的。汽车开不动，电话打不通，酒店的电梯也动不了。这可不是什么超级大国——这是一个即将陷入崩溃的国家！直到 4 年之后，中央情报局（CIA）才发现前苏联即将陷入崩溃，而我们是怎么提前知道的呢？因为我们并没有去问所谓的专家，而是直接跟前苏联人交谈，这样我们就可以更加清晰地看到真相。

在前往爱尔兰进行 10 天之旅之前，我感觉爱尔兰的问题非常简单：英国应该放下自尊，将北爱尔兰归还给爱尔兰。可到了爱尔兰，并跟北南爱尔兰人交谈之后，我才发现，事情要比我想象的复杂得多。当时爱尔兰的经济陷入低迷，北爱尔兰几乎没有人想成为爱尔兰的一部分。而且爱尔兰共和国很少有人相信南方有能力承担北爱尔兰的社会改革项目。

第二，你对自己遇到的问题过于熟悉。不妨作个测试：闭上眼睛，你能准确描绘出你的手表是什么样子的吗？上面显示的是阿拉伯数字，还是罗马数字，还是用钻石表示的数字？是否有秒针？恐怕大多数人都描述不出来。我们每天要看十几次手表，其实却从来没有看清它。

第三，你距离问题太近。给你出道题：用一条直线将纽约、达拉斯和旧金山连接起来。这是个难题，因为你距离这个问题太近了。一看到这个问题，你大脑里马上就会闪现出一幅美国地图。你甚至可以清楚地看到纽约在美国的东部，达拉斯在南部，而旧金山则在西部。所以你会自然而然地想：“根本不可能画一条直线把这三个城市连接起来。”当然，如果我再加一个条件，你就会觉得事情非常简单了。我改述一下这个问题：用一条直线依次将纽约、旧金山、达拉斯连接起来。这样就很简单了，不是吗？你很快就会发现，答案非常简单，只需要沿着地球仪画直线就可以了。

在这个问题上，我再举一个旧金山湾区的地铁的例子。规划人员的最初目的是为了解决旧金山湾区的交通问题。可在设计地铁的过程中，他们开始醉心于设计一条技术上臻于完美的地铁系统，以至于忘记了自己最初的目标。按照最初的规划，地铁的长度是 123 英里，需要投入 7.22 亿美元。可最终他们投入了 16 亿美元修建了一条长为 71 英里的地铁。运营成本是预期成本的 465%，而且几乎没有人愿意搭乘这些技术完美得难以想象的地铁。

第四，你太急于克服障碍，结果却忘记了自己最初的目标。在加入苹果公司之前，约翰·斯库利是百事可乐的营销总裁。多年以来，百事可乐一直在思考的一个主要问题就是可乐包装瓶的外形。可口可乐之所以能够取得重大成功，最重要的原因之一就是他们的流线形包装瓶。所以百事可乐想尽一切办法希望能设计一个可以与可口可乐相抗衡的饮料瓶子。可不管怎么努力，他们总是难以得到完美的方案，所以最终只好折中选择了一个普通的旋涡形设计。

约翰·斯库利是个非常聪明的家伙，他对百事可乐过于痴迷饮料包装的想法提出了质疑，于是他开始从一个不同的角度来看待这个问题。他开始抛弃“包装是可口可乐的制胜法宝”的想法，聘请一家调查公司去了解大众在家里是如何喝软饮料的。结果发现了一个非常有趣的现象。调查发现，人们在家里饮用软饮料时几乎不考虑任何问题，只要家里有，他们就会喝个不停。斯卡里相信，要想卖掉更多的百事可乐，最好的办法就是为人们提供更大容量的家庭装可乐。这一点可口可乐显然不占优势，因为可口可乐一直用的都是玻璃瓶，这样很难将玻璃瓶放大制成大号包装。所以通过为消费者提供大瓶装可乐，斯库利带领百事可乐战胜了可口可乐的瓶形优势。

第五，错误地陈述了问题。“我是否应该相信这个人并跟他一起合伙开办公司”是一个问题，而“我是否要开办自己的公司”则是另一个问题。要想精确地描述一个问题，首先需要学会对问题进行分解。

记住，在规划蓝图的过程中，最关键的步骤包括：(1) 精确地定义问题，这样你才能清晰地看到自己需要作出怎样的决定；(2) 一定要意识到你在搜集信息的过程中可能会出现信息偏离现象，使用不精确的信息可能会让你错过一些重要的机会，甚至作出错误的决定；(3)在列出问题时，一定要客观。乐观情绪不妨留到作出决定之后。自信的决策者明白，提出正确的问题要比想出正确的答案重要得多。

CHAPTER 4

第 4 章
用直觉作决定

一个成功的决策，等于 90% 的信息加上 10% 的直觉。
——S.M. 沃尔森（美国企业家）

什么是直觉

试想一下，每一百万人里面只有一个人能够拥有准确无误的直觉，你要是那个人，该有多好！美国航空公司第一任总裁 C.R. 史密斯似乎就是这么一个人。虽然他此前从来没有在航空业任过职，但他在经营航空公司方面似乎拥有天分。第一天上任，他就下令重新设计飞行员的制服，后来这套制服成为了整个航空业的标准，直到今天仍在使用。在乘坐了 DC-2 之后，他给供应商道格拉斯飞机公司的唐纳德·道格拉斯打去电话："唐，我想让你把机舱扩大一些，这样我们就可以在白天的时候运送 21 名乘客，晚上的时候可以供 14 名乘客睡觉。"道格拉斯回答说这个想法非常疯狂，而且根本不可行。但史密斯并没有放弃，他跟道格拉斯通了整整两个小时的电话，并承诺立刻订下 20 架这样的飞机。最终道格拉斯同意让公司的一名工程师研究一下。结果道格拉斯公司根据史密斯的建议研制出了航空史上最为成功的飞机 DC-3。还有一次，他对下属呈报上来的一英尺厚的研究报告视若无睹，直接跑到泛美航空公司总裁比尔·斯沃尔的办公室，说服对方修改了航线。还有一次，美国航空公司花了 10 万美元研究如何帮飞机降温。答案？——将飞机漆成白色。史密斯根本没看报告。

"去他的吧，"他说，"如果想要给飞机降温，想想其他办法。"

他的坚持最终推进了空调的产生，如今空调已经成为飞机上的必需品。

通过直觉取得成功的案例可谓屡见不鲜。史密斯并不是唯一的一个。

当他的父亲和所有业内专家告诉他，利比亚根本没有石油时，尼尔森·班克·亨特选择了相信直觉。他前往萨里尔开采石油，最终发现了地球上最大的油田之一。很快，这座油田每天产出价值 10 万美金的石油，并最终为亨特带来了 160 亿美元的财富。

巴黎证券交易商古斯塔夫·列文曾经试图找到一位买家来收购一家濒临破产的瓶装矿泉水公司。虽然法国人根本不喜欢喝任何形式的水，但他还是根据直觉买下了这家公司，部分原因是因为这家公司的瓶子形状非常独特。最终古斯塔夫将“巴黎水”（Perrier）发展成了一家价值 10 亿美金的矿泉水公司。

康拉德·希尔顿也宣称自己在创办希尔顿酒店时，纯粹是出于直觉。我在前面已经讲过他是如何根据直觉买下了自己的第一家旅馆的——他本来打算去收购一家银行。另一个关于他的直觉决策力的明证，就是他收购芝加哥的史蒂芬旅馆的案例。他最初提交的报价是 16.5 万美元。“可不知道为什么，我总是感觉有些不对劲。”希尔顿后来告诉人们，“我眼前总是浮现出另外一个数字，18 万美元。这样听起来才公平。我凭直觉很快就修改了报价。当最终公开各方报价时，最接近我们的报价的是 179 800 美元，只比我们的报价低了 200 美元。最终，我们拿下了史蒂芬旅馆，这些资产给我带来了超过 200 万美元的回报。”

乔纳斯·索尔克曾经说过：“直觉是我的伙伴，每天早晨醒来，我都会感受一下上天又赐给了我什么礼物。”约翰·塞巴斯蒂安·巴赫也曾经说：“我的任务并不是寻找旋律，而是在每天早上起床时小心不要破坏了它们。”

南丁格尔 - 柯南特录音公司的创始人厄尔·南丁格尔也说过：“创意是一种难以捉摸的东西，所以最好在床边准备一张纸和一支铅笔，这样每当晚上创意降临的时候，我们就可以在它溜走之前把它记录下来。”我还想再加一句：“直觉就像是十月的冬夜里钻进你被窝的小鹿，千万不要感到惊讶，否则你会吓跑它的。”

直觉决策是否已经过时

如今的美国人似乎已经开始抛弃直觉决策，而转向逻辑决策了。我们正在背离那些让我们变得卓越的方式。如今人们之所以开始不再依靠直觉，一个最主要的原因就是觉得直觉不如科学思维可靠，而科学思维的基础就是逻辑。在西方世界，科学发现取得了巨大的成功，以至于我们开始彻底放弃直觉。

17 世纪的科学发现就像是一条小溪，到了 18 世纪就发展成为一条小河，19 世纪发展成为一条大江，而到了 20 世纪则变成了滔滔洪水。20 世纪 80 年代，人们开始彻底地由直觉决策转向了逻辑决策。之所以出现这种情况，主要是因为两个关键因素，一是计算机的出现，是计算机将我们带进了信息时代；二是集团公司的日益庞大。

试想一下，当一台大型计算机可以在几秒钟之内帮助你建立一棵决策树时，谁还会相信直觉呢？一个公司制的企业部门能开发出一个可以在几分钟之内分析上千种变数的工资系统，谁还需要请一位执行官关起门来等待灵感来决定每个人的薪水呢？更何况科学家还有失误的时候。事实上，20 世纪有两大支配科学研究的理论，而这两个理论都直接影响了人们的决策。可事实证明这两个理论都是错的。

第一个是还原论。科学家们相信，只要能够理解宇宙中最小的物质单位是怎么运作的，他们就能理解整个宇宙。如果能理解一个问题中最小的因子，他们就能理解整个问题。可这种思维的一个大问题是：这个世界上根本没有所谓的最小物质单位。科学家们认识微观世界的能力丝毫不比他们认识宏观世界的能力强。他们以前认为原子是最小的单位，现在他们也不知道应该是什么了。

第二个是宇宙的可预测论。科学家们相信，信息处理能力惊人的计算机可以在一瞬间让人类传统的决策方式变得过时。20 世纪 60 年代，科学家们开始把基本的物理原理和大型计算机的计算能力相结合，希望能够作出精确的预测。他们相信，只要自己能够将太空探测器送到银河系的边缘，他们就可以准确地预测出探测器的轨道。只要能作到这一点，他们也就可以丝毫不差地制造出任何自己想要的东西——因为他们可以精确地预测出所有的结果，并且提前采取预防措施。

就这样，科学家们开始相信宇宙的可预测性了。他们相信，只要自己能够搜集到足够的信息，能够通过一台足够大型的计算机进行足够快的处理，一切都是可以预测的。所有的决定都应当由计算机来处理，那么以后就绝对不会再犯任何错误了。可结果证明他们错了。

突然，其中的某位科学家开始发出疑问："如果是这样的话，我们为什么没预测出前苏联会解体呢？为什么我们不知道艾克森·瓦尔迪兹油轮会在普拉德霍海湾搁浅呢？为什么我们没有预测到萨达姆·侯赛因会入侵科威特呢？"

科学家们逐渐意识到，有些事情注定是无法预测的。比如，长时期的天气变化就是不可预测的。科学家们投入了 5 亿美元用于研制卫星和大型计算机上，寄希望于它们能够解决人类面临的最大问题——天气变化的不可预测。可结果却是竹篮打水一场空。迄今为止，人们只能预测几天之内的天气变化情况。科学家们发现，任何关于自然或人类的活动在长时期内都是无法预测的。

于是他们提出了一种新的理论：混沌理论。任何微小的偏离正常行为的现象都会通过整个系统被放大到无限倍。这一理论解释了"亚马逊雨林里的一只蝴蝶扇动了一下翅膀，就会在全世界引起一场风暴"的说法。人类之所以不能完全依靠计算机（或者任何完全依靠逻辑系统来进行分析的系统或机器，不管它有多精密）来作决定，混沌理论就是其中的一个原因。自信的决策者把逻辑当做一种工具，但要想成为一个杰出的决策者，你必须学会将直觉与理性完美地结合起来。人类的大脑是一个天生的完美信息处理器，无论多么精密的分析都无法取代它。逻辑决策会降低错误率，直觉决策则可以帮助你产生一些极富创造性的解决方案。当人类拒绝传统的直觉决策时，其实就是在错过一个发现完美解决方案的机会。

直觉是一种可后天获取的技能

经过上面的分析之后，我们又开始向自己的内心寻求答案了。我们能否重新发现直觉的力量，并利用其为我们服务呢？直觉是一种非常了不起的力量，这点毫无疑问。但我并不觉得直觉只是少数人的天分，在我看来，它更是一种人人都可以通过后天学习并掌握的技能。

你是更相信逻辑还是更依赖直觉？你可能会很吃惊地发现，原来在很多情况下你都是在依赖直觉作决定。事实上，很多从事诸如医学、警务和社会科学工作的人在遇到棘手的问题时，都会根据直觉来作决定——只是因为我们从来没有关注过自身的直觉能力，所以大多数时候人们都不知道直觉是怎么发挥作用的。但如果我们能够把直觉看成一种可以经常使用的技能，很多复杂的问题便都可以迎刃而解了。

经典案例

有这么一个孩子，在他出生前，他的父亲便去世了。在英格兰北部乌尔索普小镇上，他的母亲把他抚养长大。在学校的时候，他的成绩非常糟糕，跟同学之间的关系也不好。有一天，他跟一个块头比自己大很多的同学打架。他打赢了那位同学，可老师却告诉他，即使打赢了，他也仍然是个失败的学生，因为他的成绩非常糟糕。

这件事情彻底改变了整个世界。这个小孩子名叫艾萨克·牛顿，从那天开始，他告诉自己一定要比其他人的成绩都好。很快，他的成绩从班里的最后一名一跃成为了第一名，后来他的舅舅安排他进了牛津大学。毕业那年，另一个偶然事件再次改变了他的生活。就在这年，大瘟疫爆发，超过10%的人口都死于这场瘟疫。这件事情对牛顿的影响很大，他决定放弃继续求学，回到家乡闭门思考。

在这段时间里，牛顿培养了超强的集中力。他可以对一件事情进行很长时间的不间断思考。这种能力让他陆续发现了万有引力定律、牛顿三大运动定律等。此外，他还发明了微积分和反射望远镜。就这样，这位长期饱受贫困之苦的孩子起初并没有任何特殊的才能，但最终他却为人类揭开了宇宙力学的奥秘。

在牛顿看来，他之所以取得这些成就，并不是依靠什么自然天赋，而要归功于他长时间集中思考一件事情的本领。他曾经说过："如果说我真的作了一些对大众有益的事情，那要归功于我耐心思考的能力。"

有人曾经问过他："你是怎么发现万有引力的呢？"

"通过无时无刻的思考，"牛顿回答，"我总是在想这个问题，直到第一缕曙光开始闪现，并最终揭开整个谜底。"

一位并不知道牛顿是谁的邻居曾经一度抱怨自己旁边住了个疯子："每天晚上，每到夕阳西下的时候，他就坐在满是肥皂泡的浴缸前面。一连几个小时地用根稻草吹肥皂泡，然后看着肥皂泡破裂。"实际上，牛顿是在研究光线在肥皂泡表面上的折射。牛顿活了 85 岁，当然，你可能并不希望自己能保持那么长时间的专注。

在牛顿之前，阿基米德甚至因为过于集中精力而丢掉了性命。当罗马将军马塞勒斯侵入阿基米德的家乡时，他曾经命令手下的士兵不得伤害阿基米德的性命。当士兵们走向阿基米德时，阿基米德正在集中精神思考一个问题。他一边在沙地上画了个圆圈，一边冲士兵们摇手说道："别弄乱我的圆圈。"士兵们勃然大怒，挥剑杀死了阿基米德。

牛顿并不是上帝的宠儿，他的发现也不是灵光一闪得来的。他首先成为他所在领域的专家，然后长时间专注地思考一个问题，最终才找到了解决的方法。

临终之前，牛顿曾经告诉前来看望自己的人 ：“我发现自己站在一片真理的大海前，我所做的，只是在海边偶然捡起了几片特别光滑的鹅卵石或一片特别漂亮的贝壳而已。”

换句话说，他之所以能够根据自己所搜集的海量信息得出一个天才的判断，完全是因为他能够长时间地集中注意力思考一个问题。我把这个过程称为**快速推理**（Rapid Reasoning）。接下来我将告诉你该如何进行快速推理。

快速推理 ：从混乱中创造秩序

到底怎么才能进行快速推理呢？

快速推理的关键在于将你的知识储备中许多毫无联系的事实集中到一起，然后用在作决定上。像牛顿这样的科学家之所以能够进行快速推理，最根本的原因就在于他会对信息进行**组块**（chunk）。所谓组块，就是指他们会以信息组为单位来储存信息，而不是一条一条地储存。虽然人每天都会接触到大量信息，但人通常一次只能处理不超过 7 条信息，否则人的大脑就会超载。

还记得你第一次学系鞋带的情形吗？首先提起鞋带两端，分别弯成弓形，交叉在一起，往两端用力一拉。多年以后，现在你系鞋带时还会想着这些步骤吗？明白了吧？我们之所以记不住这些具体的步骤，就是因为我们已经把所有这些独立的信息进行组块处理了。

一个真正优秀的汽车修理工能把自己所掌握的所有维修技能进行组块。记得有一次，我去一家修理厂修车。当时车子只要一发动起来就四处乱响，感觉好像是要散架一样，因此，我觉得一定是引擎需要大修了。可就在我忐忑不安地等着机修工把车子大卸八块时，他却告诉我 ：“没事，就是减震系统出了点问题，10 分钟就能修好。”事后想想，如果我问他当时是怎么判断的，他恐怕也回答不上来。但我相信，早在很久以前，他就把所有关于汽车的信息，比如车子的型号、驾驶里程、厂家、自身的驾驶习惯以及车子出厂的时间等，在自己的脑海里进行组块了，因此他才能在这么短的时间里作出准确的判断。如果我告诉他这是他的快速推理能力在起作用，并向他表示祝贺的话，恐怕他会摸不着头脑，因为他根本不了解自己的思维过程是怎样的。

美国堪萨斯城一位满脸皱纹的老农场主可能会一边坐在自己的门廊里，一边望着天说道："明天要下雨了。"他根本不知道自己是在进行快速推理。如果你问他是怎么知道的，恐怕他也不知道怎么回答。但他早就把所有关于天气的信息在自己大脑里进行组块了。

那些似乎拥有良好直觉能力的人其实只是非常善于对信息进行组块罢了，这样他们就可以在几秒内"访问"大量的信息。培养直觉的关键就在于首先搜集充分的信息，然后将信息进行组块，从而进行快速推理。

很多通过直觉作出的发明其实都不是因为直觉。这些专家之所以能够作出这些发明，其实都是因为他们早已对相关信息进行组块，并且在特定的时间里进行了快速推理而已。看看下面这些案例，判断他们到底是凭直觉行事，还是在进行快速推理。

案例 1：

阿特·弗赖伊是在教堂里唱诗时想起"即时贴"的创意的。他起初是想发明一种不会轻易脱落的书签，而不是在上面写东西的记事贴。幸运的是，他在 3M 这样的公司工作，3M 允许员工研究自己感兴趣的东西。公司的主席刘易斯·莱尔说该公司的理念是"鼓励年轻员工发现并经营自己的创意"。他把这称为 3M 公司不断前进的动力之源。

案例 2：

法国化学家、微生物学家路易·巴斯德是在检查发酵的葡萄时发现病菌的。他发现只有当葡萄皮腐烂后葡萄才会发酵。

然后他意识到，葡萄之所以会发酵，是因为受到了空气中细菌的感染，而不是他最初设想的由“葡萄内部的物质引起的霉变”。他的发现挽救了法国的啤酒、白酒和丝绸工业，并最终发明了巴氏灭菌法。

案例 3：

当雷·克拉克想要收购麦当劳兄弟的股份时，对方开出的 270 万美元的高价让克拉克大吃一惊。后来克拉克回忆起当时的情形时说：“我可不是一位赌徒，也没有那么多钱，可我的直觉告诉我一定要下手。于是我关上了办公室的门，在房间里走来走去，甚至往窗子外面乱扔东西。一阵紧张不安过后，我叫来了我的律师，告诉他‘答应他们！’”这是一个非常聪明的决定，当初的这笔投资每年给克拉克带来的回报高达 1 500 万美元。

案例 4：

1928 年，亚历山大·弗莱明正要扔掉一些自己正在培养的细菌。可就在扔掉的时候，他突然发现里面有一个霉菌斑，而且霉菌斑的周围没有任何细菌。直觉告诉他应该仔细研究一下这一现象。后来他发现霉菌斑里有一种特殊的物质，该物质可以杀死周围的细菌，哪怕将该物质稀释 800 倍，细菌还是无法在它的周围生长。他把这一物质称为青霉素。很多年以后，有一次弗莱明去参观一家完全无菌的实验室，向导对他说：“很遗憾您当初没有一个这么好的工作室，想想看，如果在这种实验室工作，您的发明又会是什么样子啊？”弗莱明大笑着说道：“肯定不会是青霉素！”

案例 5：

金·吉列曾经是一名软木塞推销员。这件工作让他激动不已。“想想看，太奇妙了！”回忆起这份工作时，他曾经兴奋地说道，“我居然靠出售一种人们会反复购买的东西生活。太奇妙了，人们会不停地淘汰掉这些东西，然后不停地购买。我想知道还有什么东西也是这样的呢？”这就是他发明一次性剃须刀片的灵感来源。

所有这些人似乎都是在凭直觉行事，但事实上他们是在进行快速推理。每个人都是各自领域的专家，他们的专业知识让他们可以对自己的知识进行组块，并轻松随意地调用。雷·克拉克之所以能够在很短的时间里决定收购麦当劳，一个重要的原因就是他此前曾经去许多餐厅推销麦芽牛奶机。路易斯·巴斯德是在研究了11年的发酵现象之后，才把所有的知识综合起来，并最终发明了巴氏灭菌法。在发明一次性剃须刀片之前，金·吉列也一直都在从事一次性用品的推销工作。

显然，建议你在作任何决定之前先在某个行业待10年以上并不现实。但是，你也仍然可以使用我提供给你的方法来帮助自己进行快速推理。

你可以对自己所遇到的问题进行精确归类，以便你找到解决问题的正确方向。

你还可以精确描绘出自己所遇到的问题，这样你的大脑就可以完全集中在你需要解决的问题上。

另外，你必须围绕你所遇到的问题搜集足够的信息。施瓦兹柯夫将军满脑子装的都是萨达姆·侯赛因的战争战略。海湾战争之后，当芭芭拉·沃尔特斯问他这次战争的哪些方面最让他感到吃惊时，他回答道：“最让我吃惊的是萨达姆的全局预见性，他竟然对形势作出了完全准确的预测。”听起来像是直觉的功劳，不是吗？其实并非如此。因为在这之前脑子里有大量的信息储备，才能在关键时刻快速推理。

你是否拥有天才的直觉

你是天生拥有直觉决策力，还是需要后天培养呢？要想回答这个问题，还是让我们先来作个测试吧。下面有15个问题，你根据自己的实际情况，看看有多少描述与你相符。

(1) 我觉得学习一种电脑软件的最好的方式就是先把它安装进电脑，然后自己摸索一段时间再看说明书。(是　否)

(2) 我应该按照自己设定的时间工作。我知道自己什么时候效率最高，而且每一天的高效时段可能是不一样的。(是　否)

(3) 人们觉得我的桌子一团糟，可我很清楚什么东西放在什么地方。(是　否)

(4) 我觉得自己是个诚实而正直的人，但有时候我还是不清楚自己的所作所为是否正确。不过这也没关系。(是　否)

(5) 当事实告诉我我应当作某种决定时，有时候我内心会有一种不应该有的奇怪感觉，这时我大多数都会听从自己的感觉。(是　否)

(6) 去参加派对时，即便不知道具体的路线也没关系。我可以先到那附近，然后跟别人打听一下即可。(是　否)

(7) 我喜欢解决问题，因为解决问题可以让我有机会尝试各种可能性。(是　否)

(8) 我很容易对一件事情感到厌烦。(是　否)

(9) 我会倾听专家的建议，但不一定按照他们的建议去办。(是　否)

(10) 我身边有很多凭直觉行事的人。(是　否)

(11) 我喜欢读小说，同时也喜欢非虚构类作品。(是　否)

(12) 多选题并不是一种有效的测试形式，所以我认为还是论

文比较有效。(是　　否)

(13) 从来没有人说过我是一个非常注重细节的人。(是　　否)

(14) 我不喜欢跟人约定具体的时间和地点，那样会让我感觉很受约束。(是　　否)

(15) 我喜欢冒险。(是　　否)

你回答“是”的问题一共有 ____ 个。

以下是测验结果：

12 个以上（含 12 个）。你的直觉级别为 24 克拉钻石级。我建议你一切都听从自己的直觉不管它是对还是错的。但考虑到有时候直觉也会出错，我建议你在作重大决定之前一定要跟律师或者私人顾问商量。

9～11 个。你的直觉级别为黄金级。建议相信自己的直觉，但要尽量用事实验证你的直觉是否正确。

6～8 个。你的直觉级别为黄铜级。有时候你会有很好的直觉，但你不能完全相信它们。你需要这本书来帮助你更好地培养自己的直觉能力。

少于 6 个。你的直觉级别为白铅级。你作什么事情都要经过认真分析，几乎从来不会冒险。联邦政府应当出钱给你买这本书。

这个测试的意义是什么？它可以说明你是否能够接受，甚至享受一个并非完全符合逻辑的世界。人类有一种难以抑制的探索欲。你把一头奶牛放到田里，它可以在那儿待上一辈子，从来不会想山的另一边发生了什么。而人类则会投入 15 亿美元把哈勃望远镜送上太空，我们就是要知道宇宙空间到底是怎么一回事。

接受不确定性

要想培养自己的直觉，你首先必须接受这样一个事实：有时候人类可以探究到事物的真相；探究不到时，我们只能接受一个模糊的世界。

还记得我在本章开头时，曾经谈到过 20 世纪主导西方思想界的两个最重要的理论吗？第一个是还原论。科学家们相信，只要能够理解宇宙中最小的物质单位，他们就可以理解整个宇宙。第二是宇宙的可预测论。科学家们相信，只要自己能够造出足够大型的计算机，宇宙中的一切都是可以预测的。两个发现都是完全错误的。聪明的科学家们现在开始接受混沌理论：因为我们生活在一个由自然和人类行为主导的世界，所以很多事情天生就是无法预测的。

接受不确定性可以让你成为一名更好的决策者，并进而成为一名更好的商人。但并非所有的决定都能为你提供一个完美的解决方案。你必须愿意承认自己有时候也会犯错误，这是自信决策者的一个重要特点。不仅如此，当你勇于承认自己的错误时，你才会允许其他人犯错。

哥伦比亚商学院管理学教授乔·布鲁克纳说："人类总是要证明自己是对的，有时候这种欲望甚至让人无法理性地思考。它会蒙上我们的双眼，让我们看不到失败的信号，甚至会在事情出现问题时给我们制造盲目的希望。"一定要让你身边的人知道，犯错误没什么大不了。强生之所以能发展成为如此成功的公司，其中的一个可能原因是 CEO 詹姆斯·伯克经常喜欢回忆公司早期的经历。有一次他发起了一个婴儿用品项目，结果在市场上遭遇惨败。后来他被叫到公司主席约翰逊的办公室，约翰逊问他："是你让我们遭受了这么大的损失吗？"

"是的，先生。"詹姆斯吞吞吐吐地说道，感觉自己肯定会被开除了。

"没什么，我只是想恭喜你。"约翰逊说道，"如果你犯了错误，那说明你在作决定并且冒险。而如果不敢冒险，我们就无法成长。"

要想让你的组织中的人知道犯错误也没什么大不了，最好的方式就是在你自己犯错的时候立刻承认。

知道什么时候该放手

或许你所犯的最大的错误就是在遇到问题时仍然坚信事情会出现转机。我很早就学到的一点是，在开始一个项目之前先从购买者的角度思考。在做任何项目时，先给自己设定一个亏损底线——比如 1 万美元、1 000 万美元，甚至是 1 亿美元，一旦达到这一底线，立刻撤离，绝对不要有任何犹豫。华尔街的投资者们就是这么做的。例如，一位投资人以每股 100 美元的价格买下了某支股票，没过多久，股票价格就跌到了 75 美元。他的经纪人告诉他 ：“赶紧抛吧，否则还会跌得更低。”

这位投资人说 ：“我可不想在价格这么低的时候抛售，它一定会涨回来的。”

聪明的决策者知道什么时候该悬崖勒马。经纪人说 ：“如果说现在有人把这支股票以 75 美元的价格卖给你，你会买吗？”

投资人可能会说 ：“当然不会。”

“可你刚刚就是这么作的呀。当你拒绝以 75 美元的价格卖出这支股票时，你其实就是在用 75 美元的价格把它买下来了。”这是最基本的逻辑，但很多人却意识不到这一点。

大师手记

当我还在一家房地产公司担任经纪人时，我遇到过一位卖房人，他想把自己的房子以 20 万美元的价格处理掉。我们给他的建议报价是 19 万美元，他拒绝了。

我让我们的销售人员告诉他 ：“如果这附近有一座跟您一样的房子出售，报价是 19 万美元，你愿意买下来吗？”

他回答道 ：“当然不会，我现在还想把它卖掉呢。”

于是我们告诉他 ：“可当您拒绝以 19 万美元把它卖掉时，您其实就是在用 19 万美元买下这座房子，不是吗？可您刚刚告诉我，就连您自己都不会这么做。”

一旦理解了这一最基本的逻辑，你就可以成为一名更好的决策者。记住，你必须彻底忘掉自己的损失，重新对眼前的情况作出评估。我的公司曾经投入很多钱去推广一个节目，结果失败了。几个月之后，我再次跟公司总裁提出要推广这一节目。

她告诉我："这可不是一个好主意。"

"为什么？你难道觉得这个建议不可行吗？"

她说道："是的，毕竟我们已经在这上面损失了很多钱。"

我说："忘掉我们的损失吧，那笔钱已经不是我们的了。把目光转向眼前的问题吧。我们应当根据现在的情况重新判断是否应当推广这个节目。"

经典案例

全世界最大的啤酒厂科尔斯啤酒厂曾经决定以4.25亿美元的价格收购斯多尔啤酒厂。一个月之后，比尔·科尔斯接管科尔斯啤酒厂，他决定立刻取消这笔交易——即便为此支付数百万美元的法律成本也在所不惜。为什么？因为他在接管科尔斯当天对情况重新作了评估，结果他发现，科尔斯的市场表现非常优异，而斯多尔则正处于亏损之中。于是他立刻作出判断：如果能再继续等上一段时间，他完全可以以更低的价格收购斯多尔。

要想培养直觉，你首先要愿意接受这样一个事实，在作某些决定时，你实际上是在打开一扇通往未知世界的大门。

任何军事领导人都会告诉你，打仗就像是第一次闯进一间没有灯光的小黑屋，你绝对不可能知道自己会面对什么。我们在越南，前苏联人在阿富汗，萨达姆·侯赛因在科威特，都证实了这一真理。

我想让你打开的，是一扇从理性世界通往直觉世界的大门。直觉世界里，很多事情的发生莫名其妙。即便你根本不能确定自己的决定是否正确，你也可以充满自信地前进。纯粹的直觉就像是一种照相存储器，拥有这样的直觉是一件非常奇妙的事情，它会让你的生活变得更加简单。

在知道了直觉的本质其实是一种快速推理之后，遇到问题时，你就可以首先让自己的大脑充满各种相关信息；接着对信息进行组块，这样你就可以更快更轻松地接触这些组合后的信息块；然后你可以培养像艾萨克·牛顿那样的专注力；最后，你可以训练自己接受不确定性，因为如果你坚持在作每一个决定之前都要有精确的逻辑分析的话，你就根本不可能培养直觉能力。但需要指出的是，虽然这些步骤可以帮助你为进行快速推理作好准备，但它并不能帮助你立刻启动自己的直觉。在下面的章节当中，我将会告诉你如何在进行直觉思考的同时启动自己的逻辑和理性思考。

CHAPTER 5

第 5 章
培养快速推理能力

抓住时机并快速决策是现代企业成功的关键。

——艾森哈特（美斯坦大学教授）

在为一位受害女性作笔录时，一位警探感觉犯罪嫌疑人很可能就住在距离受害者不远的地方，后来警察在距离受害者住处两个街区的地方抓住了犯人。在另一个场景中，一位医生决定让病人接受某项检查，因为她感觉病人很可能得了一种奇怪的病症。其他的医生都不同意她的这一建议。幸运的是，这位医生的诊断是正确的，病人最终得救了。

在这两种情况中，相关各方都是在依靠自己的快速推理能力找到了问题的解决方案。但快速推理的能力在我们这个社会中并没有得到足够的重视。正如我在上一章所谈到的，比起自觉思考，我们更多依赖的是逻辑推理。

快速推理从何而来

那么快速推理到底从何而来呢？关于快速推理，目前主要有以下几种理论。一种理论是：人的大脑分为左脑和右脑两部分，两部分搜集的信息相同，工作方式却是不同的。左脑用文字的方式对信息进行编码，用逻辑来作决定。而右脑则更多地用情感的方式吸纳信息，并依靠直觉作出决定。我们仍然在研究这一现象会对人类行为造成怎样的影响。

有些研究人员甚至怀疑，弗洛伊德所说的潜意识是否就是指人的右脑的思维行动。在美国，有 85% 的人都喜欢用左脑思考。这也就意味着，你的左脑会主导你的有意识的思维。而潜意识则是受到右脑的影响。

左脑思维可以解释人为什么有时候会感觉似乎曾经到过某个地方的现象。当一个人产生这种感觉时，事实上可能只是因为他某一边的大脑比另外一边以更快的速度传输了某一信息罢了。

左脑和右脑的不同功能

旧金山大学心理学家本杰明·李柏特博士指出，人的大脑在我们意识到它在工作之前的 0.4 秒就开始工作了。这并不是猜测，李柏特博士用科学实验进行了证实。0.4 秒是一个非常重要的时间段，它完全可以解释人类的直觉是怎样形成的。早在人的左脑产生意识之前的 0.4 秒，人的右脑就已经在工作了。所以有时候甚至左脑还没有开始工作，右脑就已经给出正确的解决方案了。

关于右脑，还有一些非常有趣的事实，比如人的右脑容易先醉；当右脑被唤醒时，它就会将自己作出的决定强加给左脑，于是人就开始胡言乱语，甚至会作出一些不太明智的决定。

右脑睡得早醒得晚，这也说明了为什么人总是会在快要睡着时产生很多极富创意的想法。早晨醒来时，你的左脑会大叫："你怎么能相信一个这么愚蠢的想法也能行得通？"

遇到压力时，人的右脑会自动关闭，它有一个非常微妙的"保险栓"。喜欢用左脑思考的工程师们可以轻松地面对任何挫折。它会说："哦，这么说火箭在发射升空的时候爆炸了？这倒是很有趣，那我们就来想办法解决这个问题吧。"

喜欢用右脑思考的编剧们则会对一个负面的评论抓耳挠腮。记得有一次，著名影星戴安娜·库珀告诉编剧诺埃尔·科沃德说自己曾经看过他的一部喜剧，而且一点儿也不觉得它好笑。"哦，亲爱的，"科沃德回答道，"我看过你在《奇迹》（*The Miracle*）里扮演的麦当娜了，你简直是在尖叫。"

遇到压力时，主管创意的右脑会自动关闭，这会给人的决策过程带来很多问题。在很多情况下，人都需要在面对压力的时候作出决定。可就在你最需要富有创意的解决方案时，你的右脑居然关闭了。因而，决策时控制左脑和右脑的能力非常重要，它也是自信决策的关键环节。

左脑决策者和右脑决策者的区别

左脑思考的人和右脑思考的人在作决定时的表现截然不同。左脑思考的人喜欢用井井有条的方式解决问题。他们会先作研究，列出清单,然后分析各种可能的解决方案。然后他们会对每一种解决方案打分。他们还喜欢研究此前是否有人遇到过类似的问题，如果答案是肯定的，他们就会借鉴别人的解决方案。

右脑思考的人喜欢凭感觉寻找答案，然后去了解其他人对该答案的看法。他们可能也会去了解其他人是否也遇到过类似的问题，但他们一般都选择不同的解决方式——只是为了看看结果究竟会怎样。

在考虑问题时，还有一个维度同样非常重要，那就是决策者的果断性。果断的人会很快作出决定，而犹豫的人则需要很长时间才能下定决心。左脑和右脑思考者在作决定时都可能表现得果断或犹豫，我们可以将决策者的性格特点列成一个象限。

决策者的 4 种性格类型

设想有一扇窗，把窗子用玻璃分成 4 部分。把左脑思维者放在窗户的左边，右脑思维者放在窗户的右边；窗子的上方是果断决策者，下方是犹豫决策者。

这样一来，在窗子的左上角，就是非情绪化的、用左脑思维的、果断的决策者,我称其为“实用（主义）型决策者”。在窗子的右上角，是果断的、情绪化的、用右脑思维的决策者，我称其为“外向型决策者”；在窗子的右下角，是犹豫的、创新型的决策者，我将其称为“温和型决策者。”在窗子的左下角，是犹豫的、非情绪化的、左脑思维的决策者，我称其为“分析型决策者”。

记住，纵向维度是描述决策者的果断性的，越往上越果断。水平维度描述决策者的情绪化程度，越往左越理性，越往右则越情绪化。具体可以参考我所画的象限表。

决策者四种性格类型的象限表 5-1

左脑决策	右脑决策
实用型决策者 果断 理性	外向型决策者 果断 情绪化
分析型决策者 犹豫 理性	温和型决策者 犹豫 情绪化

实用型决策者的特质

你想知道自己属于哪种类型吗？我可以很快帮你找到答案。假设你在参加我开办的自信决策研讨班。如果你是一名实用主义者，你的目的就非常简单，你想要学习如何作决定。你内心有着非常清晰的目标，你会告诉我 ：“别跟我胡说八道了。我不需要激励，我只想要有用的信息。你可以来点儿小幽默，但它一定要跟你要讲的事情相关。我不是来听笑话的。”你对时间管理有着非常清晰的认识，你甚至会订书摘服务，你希望他们能帮你把一本 500 页的书整理成 4 页，然后你会用红笔勾出所有的核心内容。研讨班结束之后，在回家的路上，你可能会说 ：“嗯，这堂课的确非常有用。但为什么要用 3 个小时呢？如果把那些故事和笑话全部去掉，他完全可以在 1.5 小时内讲完！”

经典案例

艾尔莫肉类包装公司创始人菲利普·艾尔莫就是一位典型的实用型决策者。他曾经为公司的二级和三级管理层制订了一套非常出色的管理技能培训计划。他在公司内部建立了一个年轻主管董事会，并把一些非常重要的问题交给他们讨论。一天，在经过一场激烈的讨论之后，其中一位年轻人提议推广一个项目，有人表示支持。然后艾尔莫先生要求大家投票决定。每个人都投了赞成票，并且都为自己的果断感到骄傲。但艾尔莫既没有同意，也没有花时间去解释自己为什么反对。他只是告诉大家，“提议失败”。接着便组织大家讨论下一个话题。这就是实用型决策者最典型的做法。他们会很快地作出决定，丝毫不受感情的影响——而且他们希望周围的人也能做到这一点。

虽然艾尔莫先生是个实用型决策者，可这并不表示他没有幽默感。记得有一次，他对公司某个部门的表现十分满意，于是就决定给该部门的所有人都买一套新衣服。他请大家自己选择一套衣服，然后把账单给他。一个特别贪婪的年轻人选了一套超级昂贵的燕尾服。艾尔莫在支付账单的时候显得非常不情愿：“我这一辈子包装过很多头猪，但却从来没给任何一头猪穿过衣服。”

外向型决策者的特质

如果你是位于象限表右上角的外向型决策者，你正准备花 3 个小时在我的研讨班上，我相信研讨班对你来说应该挺有意思。你会喜欢那些幽默故事，并把它们都记下来。你可能会这么对我说：“不要用一些统计数字来烦我。我希望你别丢给我一堆图表、计划等东西，因为我实在不喜欢做那些充满细节性的工作。告诉我那些关于成功和灾难的故事，告诉我别人是怎么白手起家并做大做强的。因为我今天坐在这里，就是想让自己充满信心的。”

你可能已经具备了很好的直觉能力。比如，听众中有人问我一个问题，你可能比我还先想到答案，你也并不在意我是否正在搜寻支持我结论的论据，而直接得出了结论。

经典案例

Smith Kline 公司的人觉得如果付出足够的研究资金在这个难题上，他们肯定能得到一些有市场价值的东西。因此，他们一年拨出 250 万美元在科研上，并付出了不可计数的努力。理论上，这相当于 300 亿次不同的混合物测试，即使是 150 万个科学家在 30 年内也无法完成。接着，他们又拨出 1 000 万美元在爱尔兰的科克建了一个工厂。当处方批下来以后，他们告诉工厂老板钱不是大问题，希望工厂能尽可能多地生产药品。这是一个典型的外向型决策的例子——决策过程情绪化并且迅速。虽然这样作常常会出现问题，但结果证明 Smith Kline 的这个决策是正确的。Smith Kline 研制的药品是西咪替丁，它能抑制由组胺等刺激引起的胃酸分泌。西咪替丁成为第一种在一年中销售量超过 10 亿美元的药品。

温和型决策者的特质

如果你是位于象限表右下角的温和型决策者，你可能会很喜欢置身于研讨会中，因为你喜欢和一群有共同兴趣爱好的人在一起。对你来说，研讨会上的气氛才是最重要的。你可能会举手问我问题，但并不是因为你自己感到困惑，而是你担心其他人困惑。你会对我说：“告诉我，但请不要仅说给我听。我也希望你不是那种看似具有很高的‘鼓动性’的人——喜欢在屋子里走来走去，跳上桌子，并让我们都站到桌子上去，并一起大声谈论。”

同样，你不喜欢具有讽刺性的幽默。你不想听任何关于律师和岳母的笑话。而演讲者喜欢你的温和，因为你总是会给予积极的回应，微笑并点头。但是，当他对于听众的问题反应很迟钝时，你会很不以为然。

温和型决策者作决定很慢，一方面因为他们很情绪化，另一方面他们总喜欢把别人也考虑到决定中来。

经典案例

佳能公司重新任命了新的总裁，因为他们公司陷入了危机中，并远远地落后于他们的主要竞争对手——美能达公司。新总裁没有在他的办公室里暴跳如雷，也没有立刻采取变革性的政策。而是在他开始工作的前6个星期的时间里，走访了全美国的相机商店。他知道佳能的成功在于他们很好地处理了和经销商们的关系。但在走访中，他发现经销商们已经不再支持佳能了，因为在商店里他甚至看不到佳能的哪怕一个销售人员。总裁开始细心地搜集信息，看看什么类型的相机能让经销商重新对佳能充满信心。最终，他决定用特殊的销售方式来拯救佳能，以低于尼康的价格销售相机，仅仅高于市场的最低价。以折扣和通过杂货店销售而得胜的美能达很快就失去了市场第一的地位。

分析型决策者的特质

如果你是位于象限表左下角的分析型决策者，那么你喜欢资料和数据。对于实用型决策者，3小时的研讨会很无聊，而你却能对一个研究如何运用决策树和反应表解决宇宙空间问题的10天研讨会进行到底。10天后，你带着这样的感觉离开，你说：“他们对这个问题只是蜻蜓点水，对吧？”你参加研讨会并不是为了放松娱乐，而是想实实在在地得到信息。如果会中有越多值得你记下来的信息，你就会越觉得有价值。你可能是听众中会议记录做得最好的人。你会像一个发言者那样对我说："告诉我这个故事的正反面，如果你有自己的看法，也请告诉我。否则，我无法评估这个故事的价值。"或者你会说："告诉我你研究的来源，这样我就能去验证它。"你不喜欢我直接得出结论而不提供根据。你希望我重复结论时运用详细的幻灯片、图表和其他材料。

经典案例

ITT 公司的缔造者哈罗德·杰宁是最典型的分析型决策者。他对事实本身很着迷，只有了解了事情的前因后果才会作决定。曾经发生的一件尴尬的小事情让他有了这种认识。当他接管 ITT 后，他开始对葡萄牙的制造业充满兴趣。那里的劳动力支出一小时仅需 19 美分，土地租金更是便宜得让人难以置信。他得知 ITT 在葡萄牙有一个办事处，因此他建议把它发展成生产通讯部件的工厂。那里劳动力低廉，他认为他们的葡萄牙工厂将会变成世界上最主要的高科技零部件供应商。他公司里的一个主管开始冷笑，杰宁对他吼道："这很好笑吗？"

主管回答道："杰宁先生，毫不夸张地说，我们的葡萄牙办事处只有一个男人和一个男孩。"

他再也没有犯这样的错误了。并且当他手下的主管们对事实本身不了解，他就会很生气。不久以后，他在一次会议上大发雷霆，并写下了一个名为《事实》的备忘录。这后来成了 ITT 公司领导层的必读物。他写到："在英语中，再没有一个词能比'事实'更强烈地传达出事情的不可置疑性。也没有一个词能比'事实'的使用更具实践性。举个例子，在昨天的会议上，我们有表面上的事实，猜测的事实，据报告的事实和期望中的事实。其实，所有这些都不是事实。"

这段叙述很清晰。对于杰宁来说，任何事情要么是事实，要么不是。当你感到困惑时就谨慎求证吧。

评估你的决策力

了解了决策者的 4 种性格类型之后，你能否在其中找到自己的类型呢？决策者性格类型象限表的价值就在于，它能清晰地图解你作决定的方式。但即便你可以很容易地将自己归为其中的某一类，也并不能说明你有着高超的决策力，或者你注定是一个失败的决策者。它只能帮助你理解自己的决策风格，并进而了解你在作决定时的优势和劣势。

如果你是一名实用型决策者，你可以快速，而且不带任何感情色彩地作出许多重大的决定。但这种性格的劣势是你会很容易错过一些富有创意的决定。而且你在作决定时很可能不会考虑到它对整个组织会产生怎样的影响。

如果你是一位外向型决策者，你可能会凭借自己的直觉很快作出决定，而且会得到大家的支持。但你在继续行动之前很可能会忘记核查一些必要的信息。

如果你是一位温和型决策者，你总是会考虑到其他人的感受，而且很容易听取别人的建议。但你往往过于情绪化，而且不够果断，这就使你在作决定时不够大胆，不够果断。

观察一位实用型决策者和温和型决策者之间的互动是一件非常有趣的事情。因为实用型决策者总是很容易变得不那么果断，而温和型决策者却很难变得果断。温斯顿·丘吉尔是一位典型的实用型决策者，他曾经向一位名叫詹姆斯·沃德的中士颁发维多利亚十字勋章。沃德是一位非常内向的新西兰人，他非常勇敢，曾经在战争中为了扑灭引擎的火而爬上轰炸机的机翼。沃德在丘吉尔面前非常紧张，甚至不知所措。丘吉尔温和地告诉他：“你在我面前一定感觉非常谦卑。”

“是的，先生。”沃德吞吞吐吐地说。

“那你应该能够想象我在你面前也会有同样的感受。”丘吉尔说道。

如果你是一名分析型决策者，你会很难作出决定，因为你总是要对一切事情都进行分析。但过度的分析往往会让事情陷入停滞。比如，第二次世界大战刚开始时，德国军队曾经占领了布雷斯特，并收缴了法军研制的秘密武器：15 英寸的黎塞留机枪。德军将领大喜过望，他相信，如果能大规模生产这种机枪，德军将战无不胜。可他们犯了一个巨大的错误，把这个任务交给了一个极其注重分析的工程师。工程师用了 4 年的时间才完成了分析工作，在这段时间里，他完成了数百页的分析报告，用尽所有的弹药来进行测试，甚至当德军输掉了整个战争时，他的研究还没有完成！像这样的分析型决策者往往不会作出错误的决定。可问题是，他们根本不会作出任何决定！

对照我前面给出的象限表，你能列出自己在作决定时的优势和劣势吗？

决策者类型分析表 5-2

决策者类型	优　势	劣　势
实用型决策者	果断 讲逻辑	忽视富有创意的解决方案 不善于考虑别人的感受
外向型决策者	果断 受欢迎	忽视事实 喜欢直接得出结论
温和型决策者	体贴 懂得倾听	不愿意作出重要的决定 犹豫不决
分析型决策者	喜欢搜集事实 讲逻辑	因为过于强调分析而迟迟不愿作出决定

如何控制你的左脑和右脑

了解了左脑和右脑的思维特点之后，你该如何利用这些信息来帮助自己更好地作决定呢？首先，你的直觉能力在很大程度上取决于你进入大脑深层次思考的能力。通过关闭你讲求逻辑的左脑，让你充满创意的右脑开始工作，你就可以启动自己的直觉能力了。

你可以通过两种不同的方式来唤醒自己的右脑——刺激自己的脑电波或者放松大脑。当你的右脑极度兴奋时，你就会变得富有创意。人们在观看橄榄球比赛，接受销售培训，或参加贸易展览会时会感觉非常兴奋，原因就在于此。慢跑之类的运动也可以让你的右脑兴奋起来，因为这些运动能够通过血液循环将更多的糖原送进你的大脑，而糖原的最大特点就在于它含有很高的能量。

反过来，当你的兴奋度不高时，右脑也会开始工作。比如，枯燥单调的流水线作业会关闭你的左脑，甚至会让你白日做梦。催眠师们也会用这种方法让你进入“状态”。他们用钟摆或者频率单一的声音来暗示你的右脑。律师们也经常会在法庭上使用同样的技巧，他们会接连几个小时提出一个又一个问题，直到证人的左脑陷入停滞状态，右脑开始工作，并最终不自觉地说出自己本来不打算说的事情。

大师手记

我曾经参加过一个为期 4 天的研讨班，讨论该如何关闭人们的左脑。我们在一家酒店的会议厅里，听一位培训师不停地唠叨。这时我们已经把自己放到了一个受到严格控制的环境中，大家什么都不能做，只能老老实实地听培训师讲话。很快我们就发现，我们根本就不可能挑战培训师的任何观点。这个研讨班的目的就是为了扼杀我们的创意能力。但由于培训师不断向我们保证，“到了第 4 天，你们就明白我在说什么了”，因此我们还是老老实实地待在房间里。最终我们学到的是一堆大众行为心理学的理论。演讲者告诉我们不要为自己的生活担忧，我们所做的一切努力都是徒劳，人的命运早就由上天注定了，所以我们只要放松自己，让命运带着我们前进就可以了。学员们对这一令人震惊的结论欣喜若狂，高高兴兴地交了 400 美元离开了。而我，除了屁股酸疼外，我什么也没得到。

意识到左右脑之间的转换

只要用心留意一下，你就会意识到自己的左右脑思维经常是在相互转换的。比如，分析一下，当下一次流浪汉上前来跟你要钱时，你会怎么办。每次路过贫民区之前，我都会在不同的口袋里装上几张 1 美元的钞票。如果有人上前来要钱，我就可以直接从口袋里抽出钱来。记得有一次，我在芝加哥的闹市区看到一位衣衫褴褛的流浪汉走上前来，当时我的右脑习惯性地告诉我要抽出一张钞票给他，可他却问我是否有 25 美分。这时我的左脑很快开始运作，我想，这个人要 25 美分干什么？从事过销售的人都知道，当你的大脑感到混乱时，一定要先表示拒绝，于是我摆摆手直接走开了。

女明星塔露拉赫·班克海德曾经向一位救世军（salvation army，基督教的一种传教组织，编制仿部队形式）铃鼓里扔了一张 50 美元的钞票。“不用谢，”她说道，“我知道如今你们西班牙舞蹈演员的日子不好过。”

除了在芝加哥闹市区拒绝流浪汉的这次之外，我还有过很多次左右脑转换的经历。而一旦能够意识到这种转换，你就会发现，自己的左右脑思维始终在相互转换。

知道什么时候该关闭右脑

如果说过度刺激或过度无聊都会让你的左脑关闭、右脑启动的话，那么右脑呢？什么能关闭右脑，又为什么要这么做？当你感到恐惧时，我建议你不妨关闭自己的右脑，因为人的右脑往往喜欢放大眼前的危险，所以这时不妨让左脑运作起来。

大师手记

我的儿子德维特曾经说服我跟他一起去蹦极，在加利福尼亚，参加过这项运动的人都知道，你首先要爬到一个很高的地方，用橡皮条系住自己的脚踝，然后从空中跳下。蹦极用的绳子有 100 英尺长，但它很有力量。它是那种部队用来空降吉普车到战区时使用的军用品。跳下去之后，你首先会自由落体 100 英尺，然后绳子的弹性会让你再下落 100 英尺，这时你几乎就要接触地面了。如果一切正常，就在你快要触到地面时，绳子会开始发力，你被再次弹到半空中。轮到我时，我站在蹦极台上，往下看，地面上的人看起来就像蚂蚁那么小，风从耳边刮过，恐惧就像是一把钳子一下子抓住了我。

如果这时有人告诉我："先在这儿站着吧，等你想跳了再跳。"那么，我可能会一直站在那儿，我甚至感觉到自己的右脑开始不停地想象。我想象绳子断了，或者绳子太长，我摔到地上粉身碎骨。为了关闭我想象力丰富的右脑，那些已经跳下去的人开始聚在一起大叫："五！四！三！二！一！"一时之间，我的左脑开始集中到他们的报数上，右脑暂时被关闭。我不再想象会发生什么意外，专注于我接下来应该做的事情。

数到"一"时，我把双手举到脑袋上，双膝弯曲，一跃跳到空中。突然之间，我开始自由下落，地面以每小时 60 英里的速度向我扑来。就在我感觉一定有什么意外出现，我肯定会被摔成烂泥时，我的下落突然神奇般地停止了。大约一秒钟的时间里，我被悬在那儿，既没接着往上也没往下。转眼之间，绳子的弹力战胜了地球的吸引力，我被重新拉回半空。上升之中，我感觉到了以前只有宇航员才感受过的零重力。我很清楚自己是在上升，但绳子的弹力和地球的吸引力达到了完美的平衡，我感觉自己像是漂浮在半空中。但就在飘到顶点时，恐惧再次袭上心头，我开始再度下落。就这样，我弹起落下了三四次，直到最终绳子的弹力完全耗尽。

后来我意识到，真正让我克服内心恐惧的是下面那些人的倒计时。它神奇地关闭了我的右脑，让左脑支配我的思维。逻辑的左脑创造力不足，它不会去想象那些可能发生的可怕事情，所以我才敢纵身一跃而下。这就是让我有勇气跳下去的唯一原因。

在商业世界运用左右脑思维

销售人员通常会想办法刺激人们的右脑，因为销售本身就是一种激发情感的过程。但有时情况也会反过来。比如，在房地产销售中，因为一般房主都会对自己住过很长时间的房子充满感情，所以他们会把很多情感带入进来。不幸的是，对于销售人员来说，买房人对这房子并没有任何感情。此时，销售人员必须设法关闭房主的右脑，让他们回到理性世界。所以销售人员在跟房主沟通时会把房子称为“房子”,而不是“家”。用房地产术语来说，人们买的是一个家，卖掉的是一套房子。

这只是左右脑思维在商业世界的应用之一。只要稍微练习一下，你就可以熟练地控制自己的左右脑思维，并且能自如地在左右脑之间进行转换。当你能作到这一点时，就很接近人们所谓的“直觉来源于灵感”了。

与问题保持距离

自信决策还需要让自己在生理上或心理上远离眼前的问题。通过这种做法，你可以更清晰地将自己的思维集中到眼前的问题上。很多伟大的思想家都曾经亲身体验过远离问题的重要性。

经典案例

托马斯·爱迪生非常喜欢睡午觉，他认为午睡可以为自己提供思考的动力。1914 年 12 月，他遇到了他一生中最大的挑战，一场大火烧毁了他的电影公司。当时电影公司是他唯一赚钱的产业，他的实验室所需要的钱都是来自电影公司。按照他儿子查尔斯的说法，火势刚一得到控制，爱迪生就脱掉外套，卷成枕头，在桌子上睡着了。当他醒来时，他就立刻宣布要重建电影公司。又过了一会儿，稍微回过神来之后，他又说了句："哦，对了，谁知道我们该从哪儿筹集资金吗？"

庞帝克的首席工程师库洛特克·阿尔迪卡克蒂刚开始时非常看不起别人设计的驾驶座。一次吃午饭时，他坐在一个驾驶座椅上，闭上双眼，想象着车子的外形和其他方面的感觉。正是通过这种方式，他成功地设计出了庞帝克最好看的车型之一。

很多快速推理都要归功于推理者能够有意识地远离问题。Hycel公司创始人约翰·莫兰曾经用了几个月的时间设计一种自动血液分析仪，可结果都不令人满意。他最终决定放弃设计，休假一段时间。到了度假胜地的酒店之后，他便埋头大睡，第二天早上刚一起床，他的脑海里便清晰地浮现出了设计方案，于是他立刻勾出草图，飞回公司，造出了第一个模型。14 年之后，当他把自己的公司出售给一家德国大公司时，公司的市值已经上升到了 4 000 万美元。

菲尔兹太太饼干公司创始人黛比·菲尔兹管理的是一家价值 3 000 万美元的公司，她把公司总部设在犹他州的帕克城，她之所以这样做，据说部分原因是因为每次遇到需要作出重大决定时，她都喜欢去附近的滑雪场放松一下。

离开问题发生的地方，尤其是去到另外一个国家，可以让你抛开很多你在作决定时的预想。一旦进入工作环境，你就会立刻带上一种无形的锁链，你非常清楚哪些事情是能做的，哪些事情是不能做的。就好像人们到了热带之后会作很多平时想都不敢想的事情一样，置身异国他乡会让你放下很多思想上的包袱。我所作过的最聪明的商业决定之一就是在塔西堤岛俯瞰着波拉波拉岛附近平静的大海时想出来的。我在秘鲁或厄瓜多尔的大街上闲逛时常常会突然闪现出许多灵感。离开问题发生地可以减轻你的焦虑，帮助你保持冷静。当然，它还可以放松身心，让你的大脑从疲惫中解脱出来。

但你并不需要也飞去塔西堤岛，也不用远赴秘鲁或厄瓜多尔，只要关上办公室的大门，关掉电话，你就可以暂时在精神上远离眼前的问题。有时或许只要稍微离开一会儿就可以了。我想你一定有过这样的经历：你拼命地想回忆起一个人的名字，但却怎么也想不起来，可当你暂时放弃，转而做其他事情时，这个名字却会突然闪现在你的脑海里。

假设你现在正在作一个重大的决定。你怎么知道自己是否应该继续绞尽脑汁想答案呢？或许这时你应该暂时脱离问题，就像贝多芬在灵感枯竭时所说的那样，“既然今天没有灵感光顾，那就换个时间吧”。

当一个想法不停地出现在你面前，但你却感觉这个想法并不完美时，建议你暂时放下眼前的问题。或者当你怎么也无法集中精力，非常沮丧，根本无法思考问题；当你很容易发脾气，感觉自己已经陷入了身心俱疲的状态；当你无法清晰地表达自己的意思时，所有这些信号都说明你应该休息一下了。

一旦你暂时远离了问题，不管是去塔西堤的沙滩上，还是仅仅关上办公室的大门，你都可以在不经意间找到完美的答案。记住，遇到这种情况时，你最需要的是保持内心的平静，因为只有内心平静，你才能保持思维清晰。

激活你的右脑

下面是一个能帮助你激活右脑思维的冥想练习：

闭上双眼，轻轻向上转动眼球，直到感觉视觉神经有轻微压迫感。保持这种状态，开始想象右脚趾的肌肉，放松这块肌肉，然后放松左脚趾肌肉。慢慢向上，放松腿部肌肉，同时在精神上保持放松。逐渐放松整个身体的肌肉，慢慢向上，直到肩膀和颈部的肌肉也开始放松。然后上升到你的大脑，直到感觉你的思维在脑海中跳跃，并达到一种绝对平和的状态。

这种冥想练习的目的主要在于降低你的心理噪声，在你的内心深处形成一种轻微的兴奋感。这样就可以关闭你的左脑，激活你的右脑。“心理噪声”是一个心理术语，心理学家们用它来描述那些来自记忆的形象和思想。由于任何来自记忆的东西都带有明显的先入之见，因此这种心理噪声会严重影响你的直觉。

这真是一个有趣的矛盾——快速推理是一件非常艰难的工作，但你越是努力，就越不容易达到快速推理。只有当你努力让自己的思绪从眼前的工作上转移开来时，它才会出现。正如《大脑的佳作》（*The Mind's Best Work*）一书的作者，哈佛大学的柏金斯博士曾经说过的那样：“我从来没有听过突如其来的真知灼见。”

快速推理可以反映出你将大脑中储存的独立信息整合在一起的能力。专家们可以通过对信息进行组块的方式做到这一点，这样他们就可以更快更容易地处理那些复杂的问题。一般的人则可以学着通过压制自己的左脑、激活右脑的方式做到这一点。降低心理噪声可以激活你的快速推理能力，帮助你更快更好地在不同的信息之间建立联系。自信决策需要你提高左脑过滤信息的能力，并且将左脑的信息过滤能力与右脑的创造力结合起来。最后，你可以用左脑的逻辑思维去印证自己的直觉。

在下一章中，我将教会你怎样进行创造性整合。要想作出一个最佳的决定，你必须为自己准备尽可能多的备选方案。你的备选方案越多，你的决策力就会越好。人们把这称为**发散思维**（divergent thinking），也就是为自己创造尽可能多的机会。一旦你学会了创造性整合，你就回到了决策的逻辑的一面，用一些精确的方式选择出最佳的方案。这就是所谓的**聚合思维**（convergent thinking），也就是帮助你从各种方案中选出最优的。记住，你给自己提供的方案越多，你就越有可能从中选出最佳的方案。

CHAPTER 6

第6章
增加你的备选方案

决不能在没有选择的情况下，作出重大决策。

——李·艾柯卡（美国克莱斯勒汽车公司总裁）

创造性整合的魔力

我们都有过类似的经历——坐在办公桌前，抓耳挠腮，不知该如何决定某件事情。我们在思考是否还有其他办法是自己没有想到的。我们知道，在某个地方一定有一个完美的解决方案在等待着我们，只是暂时还没找到。

沃伦·G．哈丁总统就曾经遇到过这样的情形。他曾经说过："该死的税务问题让我一筹莫展。我听了一些专家的建议，似乎很有道理；可当我跟另外一些专家谈起这件事情时，他们的说法似乎也有道理。就这样，兜了一圈，我最终还是没找到答案。我知道肯定有一本书可以告诉我真相，可问题是，我不知道那本书叫什么名字。我知道某个地方一定有一位经济学家可以解决我的困惑，可我不知道他究竟在哪儿。天啦，这份工作太让人痛苦了！"

如果你也遇到过类似的情况，我建议你采用**创造性整合**（Creative Synthesis）。所谓创造性整合，就是把各种不是很完整的方案综合成一个完美的方案。在本章中，我将告诉你如何一步一步地做到这一点。即便你已经想出了一个完美的方案，我还是建议你不妨尝试一下我下面谈到的那些步骤。即便你已经有了一个不错的方案，能暂时将自己从眼前的压力中释放出来，你也可以通过练习创造性整合找出一个更好的方案。

创造性整合的专家们经常会谈到垂直思维和水平思维两种概念。

垂直思维是一种比较传统的思维方式，它指的是一次只思考一个问题，然后层层递进。而水平思维则完全使用另外一种方式。它可以帮助你进行跳跃式思维，你甚至可以略过中间的步骤，直接跳到结论。下面我将通过 10 个具体的步骤告诉你如何启动右脑进行创造性整合。

创造性整合：10 步骤增加你的备选方案

不妨把创造性整合的 10 个步骤想象成一场经过训练的白日梦。你可能也跟我一样，来自老师和家长的教导会让你强烈反对白日做梦。这在美国是一件非常残忍的事情。我在英国上学时，老师们可以向不听话的学生扔粉笔头。他们可以从教室的一端分毫不差地击中教室另一端正在做白日梦的孩子的头部，像爱国者导弹一样精准。就算是到今天，每次看到有员工坐在办公桌前“神游万仞”时，我还是会感觉很不舒服。毫无疑问，“神游万仞”可能是他做的最有价值的事情，但我却不是很能接受。

记得有一位效率专家曾经建议亨利·福特开除一位主管。他告诉福特：“每次路过他办公室时，我都会看到他只是坐在那里，把双脚架到办公桌上。他纯粹是在浪费你的钱。”

福特回答道：“你说的那个人曾经仅凭一个创意就帮助公司节省了数百万美元。就目前来说，我相信他的双脚放的正是地方。”

不幸的是，我们生活在一个崇尚机器思考，但却不允许人思考的时代。要想进行有效的创造性整合，我们需要首先学会有意识地白日做梦。而要想做到这一点，你首先需要用我在前一章谈到的方法，关闭自己的左脑，让右脑占据主导地位。然后你可以通过下面的 10 个创造性整合步骤来增加自己的备选方案。

步骤 1：对立面思维

增加备选方案的第一个技巧就是对立面思维。有很多种方法可以做到这一点，其中一个就是倒转你的目标。新英格兰一家配送仓储公司就用这种方法取得了巨大成功，我是在为这家公司的采购人员培训时听到这个故事的。这家公司当时的问题是仓库的工人们作业速度太慢，总是无法及时完成订单。要想解决这个问题，最简单的办法就是加强监督。但管理层决定进行对立面思维。他们考虑如果干脆取消监督，又该如何激励工人们更加努力呢？显然，要想做到这一点，就要给工人们更多激励。建立这样一个团队协作系统，每个团队成员都可以监督团队其他成员的工作，这样他们就可以得到更好的工作安排和其他福利。这家公司决定尝试一下这种思路。事实证明，这是他们作过的最好的决定。以前用来付给监工的钱现在可以拿来奖励工人。很快，工人们的效率和士气都得到了极大的提升。

大师手记

我所居住的洛杉矶出现了非常严重的交通问题。以前人们每天上下班的通勤巴士平均间隔时间为 45 分钟，在过去的两年里，这一数字变成了 75 分钟。负责处理高速公路事务的加州运输部认为拼车可能是解决这一问题的最佳方案。加州运输部的管理者们相信，我们只要能把一百万人挤到一辆车里，所有的问题都会烟消云散。可如果进行对立面思维，减少每辆车乘坐的人数，结果又会怎样呢？没错，我们可以用空间小的车。那什么样的车比汽车小呢？摩托车！如果每个人都骑摩托车去上班，马路空间的容量就会扩大一倍，燃油危机和污染问题自然也就可以迎刃而解了。这个想法有些极端，但至少我们可以先在高速公路上开辟出一条摩托车道。但摩托车不够安全。那为什么不能发明出一种更安全的摩托车呢？比如在外面装上安全气泡，这样既可以保证安全，又可以防雨防风。由此可见，对立面思维很快就可以帮助你构思出很多极富创意的解决方案。

眼下最让你头疼的问题可能是如何尽快地提高公司的利润。可如果换个角度，想想该怎样尽快地赔钱，结果又会怎样呢？通过这种思路，你肯定很快就能找到公司利润下滑的原因所在。

弗雷德·史密斯曾经想要成立一家公司，专门帮助人们在隔天就能把包裹从一个地方送到另一个地方。大家都知道两点之间直线最近。但如果思考情况的对立面，结果又会怎样呢？对于史密斯来说，他想到的办法是将所有的包裹首先运到他的家乡孟菲斯，然后从孟菲斯发往世界各地。这就是今天的联邦快递。

多年以来，科学家们一直在为噪声问题头疼不已。不断增加的噪声已经成为现代社会的一种痼疾。一直以来，科学家们主要都是围绕“如何降低噪声”这一问题展开思考的。这时有人提出，如果从对立面来思考这个问题，结果又会怎样呢？如果我们不是降低噪声，反而增加噪声呢？这听起来似乎很没道理，但他们还是尝试了。结果发现了一个非常有趣的现象：当你把噪声加倍时，两种声波就会相互抵消，这样人的耳朵就听不到任何一种声音了。根据这一思路，他们发明了一种能够分辨噪声，将噪声数字化并进行复制的机器。效果好极了——两种声音相互抵消，最终人耳什么也听不到。很快，他们就将这一设备改造成了汽车消音器等实用设备。这难道不是很神奇吗？

还有一种思维就是**逆向思维**（Contrary thinking）。当你所在行业中的所有人都在往一个方向想时，你可以尝试往相反方向思考。吉列公司了解到市场上 60% 的剃须刀都是 10 美元左右的一次性剃须刀。所以他们决定反其道而行之，推出一种感应剃须刀，售价比市场上最畅销的剃须刀高出 25%，最后取得了巨大成功。

所以一定要敢于质疑习惯思维。经常问自己，为什么每个人都这么想？如果大家都错了，结果会怎样？

步骤 2：审视周围的环境

创造性整合的第 2 个步骤就是审视问题存在的环境，而不只是问题本身。里根总统刚入主白宫时，他发现自己从前任总统那里继承的是一个疯狂的世界。具有讽刺意味的是，“疯狂”（MAD）恰好正是美苏双方之间“同归于尽”势态的首字母。自从前苏联率先研制出了洲际弹道导弹之后，美国人就用“同归于尽”策略来回应，并保证自身安全。策略指出：如果对方胆敢率先发动攻击，我们就会以加倍的力量还击。在这种战略思想的指导下，双方开始了一场永无休止的军备竞赛，希望能够在军事力量上与对方抗衡。到了 1981 年，两个超级大国就像是两个站在装满汽油的泳池两端的巨人。每个人手里都拿着打火机，一旦任何一方有所行动，另一方就会立即点燃泳池，跟对方同归于尽。面对这种形势，里根也显得手足无措。当有人问他这个问题时，他说：“如果他们意识到我们拥有足够的力量进行反击，而一旦他们向我们发起攻击，我们就会让他们吃不了兜着走，他们将不敢动手。”还有更恐怖的，乌干达总统伊迪·阿明曾经向联合国发出倡议：禁止所有的传统武器，然后由联合国向世界各国平均派发造价更低的氢弹。

里根总统并没有纠缠于问题本身，而是把目光转向了问题发生的环境。他意识到，美苏之间之所以不断进行军备竞赛，就是因为前苏联人能够负担得起军事研发的费用。一旦他们坚持不下去了，情况又会怎样？最终里根想出了一个非常优秀的策略：星球大战。我们可能永远都不会知道星球大战这个计划究竟是否存在，但它确实有效。苏联人说：“我们无法再继续进行下去了。”大多数科学家都怀疑星球大战根本不可行，但这个计划的确产生出了在伊拉克战争中发挥重大作用的爱国者导弹。还记得爱国者导弹吗？按照萨达姆·侯赛因的说法，以色列当初向巴格达发射的就是爱国者导弹。

通过审视问题发生的环境来解决问题的办法同样适用于教育孩子。如果你有 3 个或更多的孩子，相信至少会有一个让你非常头疼。而且你知道孩子并不觉得自己做得有什么不对，所以跟他们讲理只会让问题变得更加糟糕。这时我建议你不妨先了解孩子所处的环境。

大师手记

我是从我的儿子身上得到这一教训的。他当时在学校的表现非常糟糕，我几乎每个星期都要被叫去学校见老师。于是我请学校的心理学家对他进行了详细的测试，看看他究竟是不是有学习障碍。心理学家告诉我，孩子自身并没有任何问题。我开始思考孩子所处的环境。结果发现，真正的原因出在他所交往的朋友身上。这些朋友根本不喜欢学校，我儿子就是受这种心理的影响。可当我意识到这一点时，情况已经变得非常糟糕了。我只好搬家到另外一座城市，才彻底断绝了儿子与他的那些朋友的联系。

所以，如果你觉得自己的孩子有问题，不妨先观察一下他所处的环境。他所交往的朋友都是哪些人？他们在读什么书？他们在看什么电影？只有这样，你才能找到正确的解决方案。

步骤 3：想象自己已经找到了正确答案

创造性整合的下一个步骤是想象自己已经找到了正确答案。这种做法听起来可能有些老套，但它的效果却不容忽视。厄尔·南丁格尔曾经说过：“你在想什么，你就会变成什么。”这句至理名言几乎改变了我的人生。

大师手记

大约 20 多年前，我住在华盛顿的亚基马，当地的广播电台每天都在播放厄尔·南丁格尔的广播节目《我们正在改变的世界》（*Our Changing World*），这是那个时代美国最流行的广播节目之一。除了播放节目之外，工作人员还会向人们免费发放拷贝的节目手稿。有一天，我去领取这些手稿，一位工作人员

> 把我带到会议室，把之前一年的所有节目的手稿装到一个大箱子里摆到我的面前。“随便看吧！”然后他就离开了。我赶忙打开箱子，一捆一捆地看这些手稿。我至今还记得，在那间房间里，我几乎可以感觉得到一种腐朽的味道漂浮在我的四周。于是我把这些手稿带回家，仔细阅读。读着读着，我开始想，不知道我自己的声音在录音机里听起来会怎样，会跟厄尔一样吗？于是我买了一台非常便宜的录音机，开始录下自己的声音。那时候，我还没有想到自己会成为一名职业演说家，会录制自己的广播节目，也没有听说过南丁格尔—科南特公司。厄尔说得没错：你在想什么，你就会成为什么。25年之后，我也为厄尔的公司录制节目了。

杰克·尼克劳斯曾经说过：“每次挥杆之前，我的脑子里都像在放电影，我首先会看到那漂亮的小白球停在绿色的草坪上，然后整个场景迅速发生变化，我看到小球被我一杆击起，飞向空中，划过一条优美的弧线，我甚至可以看到它落在草坪上的样子。”

想象的确是一种非常有效的方法。但当面临巨大压力时，你就会想象出一个负面的结果。我们不会去想象自己作对一个决定之后会得到怎样的奖励，大多数时候，我们首先想到的是自己一旦作错将会遭受怎样的惩罚。我觉得有一个事实很能说明问题：在英文当中，用来描述“错误”的单词至少有15个——错误、过失、失策、大错、贻误、弄砸、失效、失误、误会、失足、故障、疏漏、失败、差错和勘漏。但却几乎没有一个单词来描述“错误”的反义词，即作出正确的事情的行为。在这种消极情绪下，难怪我们总是觉得自己很难作出正确的决定！

在跟人交流时，想象尤其重要。每次发表演讲之前，当我担心有人可能会对我提出质疑时，我都会关上办公室的门，闭上眼睛，想象听众将会对我热烈回应。效果好极了，我也不知道这样做为什么会有效，但就像我根本不用了解为什么飞机能飞到纽约一样，我根本不需要了解这种方法背后的原理。我只是相信，鼓励和关爱是一种非常强大的力量，你把它释放到人群之后，它的能量并不会消失，而是会循环作用。相信我，想象对你的目标有着不可思议的正面作用。

步骤 4：设想你的所有假设都是错误的

创造性整合的第 4 步是设想你的所有假设都是错误的。如果你设想的所有阻力都不存在，你的计划顺利实施了，结果又会怎样？比如，你准备给自己的产品提价，但你感觉忐忑不安，假如你的客户说："当然可以，我们早就纳闷你为什么还不提价呢！"当你为自己的服务索取更高的价格时，他们可能反而会更加尊重你。

我的朋友多蒂和亨利·霍什将自己位于加利福尼亚北部的维多利亚式的房子改造成了一家漂亮的快捷酒店。改造完成之后，我去拜访他们，他们以为我会期待他们给予我免费食宿。可事实并非如此，我更愿意付钱——因为我希望自己成为一位受欢迎的客人。

如果一家公司增加了员工数量，但却没有足够的停车位，那该怎么办？他们会假设员工将表示不满，因为每个人都想要把车停在离办公室比较近的地方。但不妨设想你的这个假设是错误的。从这个假设出发，人们发明了班车这种方式。如果公司可以安排班车接送员工，那么所有人都可以节省燃料，而且交通堵塞问题也将大大缓解。

这种设想"假设错误"的做法可以让你暂时离开问题本身，碰撞出更多更有创意的解决方案。

步骤 5：假设自己不会失败

创造性整合的第 5 步是问自己，如果我根本不会失败，我又会作怎样的选择？问问自己，如果我能够创造奇迹，我又将如何解决这个问题？年轻的时候，我常常感觉自己已经了解了人生，所以我经常会告诉自己，千万不要给自己设定不现实的目标，那样无异于自寻打击。

比如，你现在的体重是 300 磅，就千万不要想着要成为一位驯马师。现在我就不太确定了。因为迪克·巴斯也这么想的话，他就根本不可能在 52 岁的时候登上珠穆朗玛峰。

这种“如果……”式的思考方式十分令人着迷。设想一下，如果我们不再需要运送货物，只要像《星际迷航》里的斯考蒂那样，用光线发送货物，那该有多好？可能正是这种假设，人们才发明了传真机。如果孩子们不用再重新学习父母已经掌握的知识，那该有多好？如果我们可以通过基因技术在孩子的大脑里植入细胞，可以将父母已经掌握的知识直接传输给孩子，那该有多好？

正是凭着这种“如果……”式的思维，阿尔伯特·爱因斯坦发明了相对论。他说过 :“如果我可以用比光速还快的速度从 A 点到 B 点，结果又会怎样？那样 B 点的人就可以清楚地看到我正跟他们在一起。不仅如此，当他们回头的时候，还会看到我仍然留在 A 点。因为我的形象是在以光速移动，所以我在离开 A 点之前就已经到达 B 点了。”

有一次，爱因斯坦的儿子在伦敦参观，爱因斯坦从慕尼黑打去电话 :“孩子，你能想到你比你母亲还早听到我的声音吗？我的声音是在以电流的速度传到你那边，但它在家里的传播速度则是声速。所以你能比你母亲更早地听到我的声音。你明白这个道理吗？”儿子回答道 :“我当然知道，爸爸……现在慕尼黑 6 点，而伦敦才 5 点。”

正是靠着这种假设式的思维，爱因斯坦才想出了相对论，他才想到时间并不是一个连续的概念，所有的时间都是在同一刻发生的。人们之所以把时间规定成一个有先后顺序的概念，主要是为了更容易理解。

你不一定要成为爱因斯坦才能用这种假设式思维让你的人生有大的转变。我以前坚信，一个人能做多少事，总是会受到他自身条件的限制。比如，每次去一个新的城市时，我总是会根据口袋里的钱选择适当的酒店。有一次，我开车从巴黎前往日内瓦。日内瓦是全世界物价最高的城市之一，所以我知道日内瓦的酒店一定非常贵。于是我开始想，如果不考虑钱的问题，我会住哪儿呢？我会选择湖边那座豪华酒店！不仅如此，我还会选择拐角处带有两个阳台的套间。如果我一定能成功地通过跟接待员谈判降低价格呢？就这样，我先确定要住哪家酒店，然后才考虑如何付钱的问题。幸运的是，那位接待员来自英格兰。我们聊得非常愉快，他以优惠价让我住进了那间套间。

从那天开始，每次计划度假的时候我都不会考虑钱的问题。我会想，我究竟想去哪里度假，到了那里之后，我又会做什么呢？决定了目的地之后，我才会考虑费用问题。这种思维对你来说可能有点奇怪，但它让我的生活发生了奇妙的变化。在作决定的时候，我们经常让一些预设之见限定了自己的想法。不妨从现在开始，问问自己，如果能够创造奇迹，我又会作出怎样的决定？

步骤 6：向榜样学习

创造性整合的第 6 步是向榜样学习。并不需要你所选定的榜样知道你把他们当成了榜样。比如，在演讲行业，我有几位非常崇拜的偶像，每次需要作决定时，我都会问自己，他们会怎么做呢？我从来没给他们打过电话，他们也不认识我。我只是在脑子里想象。我之所以避免了一些重大的错误决定，就是因为我觉得我的榜样们会劝说我放弃那些想法。同样，通过设想偶像们的做法，我才作出了一些非常富有创意的决定。

大师手记

我曾经几次遇到过看起来几乎不可能实现的旅程安排。有一次我应邀在茂宜岛的一场大会上发表演讲。根据安排，如果我第二天能在奥兰多再作一场演讲，我就可以多赚一大笔演讲费。我给旅行社打去电话，对方告诉我这根本不可能。最后一班从茂宜岛飞往奥兰多的飞机是在下午 2 点，所以我根本不可能赶到。

我开始问自己，如果是我的某个榜样遇到了这样的情况，他会怎么决定呢？当时我的想法是："首先，我的榜样根本不会遇到这样的情况，他完全可以租一架私人飞机。我可没那么多钱，但我想可能还能找到富余座位的公司包机。如果我先飞到洛杉矶，然后租架公司包机飞往奥兰多，结果又会怎样呢？说不定奥兰多有某家公司从洛杉矶包机飞回奥兰多，如果他们有空位，我就可以搭乘他们的包机去奥兰多了。"

此外，我还想我的榜样可能根本不会遇到这种情况，因为他的影响力非常大，客户绝对会根据他的行程来调整演讲时间。我还从来没有要求公司根据我的行程调整演讲时间，但说不定我可以跟他们谈谈。

在日常工作中，你可能会遇到重大的财务问题，这时你会对自己说："我的榜样是联邦储备委员会主席艾伦·格林斯潘，他遇到这种情况会怎么做呢？"你会想，这太荒谬了。艾伦·格林斯潘根本不会遇到这样的问题。他完全可以拿起电话，让相关人士重组债务，问题自然迎刃而解。既然如此，我为什么不给能够帮助我解决这个问题的人打个电话呢？

再比如，你在内布拉斯加州的工厂存在安全问题。在解决这类问题时，你可以选择 FBI 局长当自己的榜样。没错，他根本不会遇到这样的问题。他只要拿起电话，给内布拉斯加州检察长打个电话就可以了。这时你会想，我为什么不能给检察长办公室打个电话呢？我可能没法直接跟检察长通话，但我至少能跟州检察院的某个人反映一下情况吧。

经典案例

汤姆·莫纳汉成功地将达美乐比萨店从一个 500 美元的小店发展成一家市值 4.8 亿美元的企业。可很少有人知道，一直以来，他都将麦当劳创始人雷·克拉克当成自己的榜样。尽管如此，直到他将自己的公司发展成一家年销售额高达 2 亿美元的大公司时，他才有机会见到克拉克本人。雷·克拉克告诉他："我可以给你一些建议。你现在已经成功了，可以做任何自己想做的事情，可以赚到所有你可能会花出去的钱。所以不妨放慢脚步。每年开几家店，但一定要非常谨慎。千万不要做任何可能给你带来麻烦的事情。"

这时莫纳汉脱口而出："可克拉克先生，这样做还有什么意思呢？"

克拉克立刻从桌子后面跳起来，一把抓住莫纳汉的手，大笑着说道："这正是我想让你说的。"

步骤 7：从解决方案开始展开反向推理

创造性整合的第 7 步是反向推理。你可以首先想象自己找到了自己想要的方案，然后从方案开始往前推想，看自己是如何想到这一方案的。这是一种启动你潜意识的有效方式。它还可以帮助你找出问题的关键点。是什么造成了这个问题？解决这个问题的关键是什么？

大师手记

很多年前，当我在一家零售店担任主管时，我们遇到了令人头疼的小偷问题。有经验的小偷都知道该怎么从靠近商店门口的衣架上偷衣服。他们只要一把抓住衣架上的衣服，然后跳上停在门口的小卡车，我们还没看清他们的样子，他们就已经逃之夭夭了。可问题是，我们想要经营一家对顾客非常信任的商店，自然也给小偷提供了方便。但经过分析之后，我们发现，这个问题的关键在于怎样为自己创造足够的应对时间。我们开始想，怎样才能降低小偷的速度呢？于是我们想到了调转衣架的方向。这样当小偷抢了衣服准备逃跑时，他们首先要绕过衣架，逃跑的速度自然也就大大降低。

当尤里西斯·格兰特还是个小孩子时，他曾经在一次骑野驴比赛中赢了一项大奖。上场之前，他在旁边看着那头脾气暴躁的野驴把一个又一个选手摔到地上。轮到他上场了，他双腿紧紧夹住驴肚子，并抓住野驴的尾巴不放，最终赢得了比赛。他之所以能够做到这一点，就是因为他找到了问题的关键——一定要抓住一样东西。找到问题的关键之后，答案就非常简单了：只要倒着骑在驴背上就可以了。

步骤 8：从另一个星球上看问题

你可能会感到非常吃惊，我的下一个建议居然是要你学会从另一个星球上看问题。但有时候你的确因为距离问题太近而看不到问题的本质。没有人能说清是谁发现了水，但肯定不是鱼。我们不知道是谁发现了压力，但我们知道肯定不是公司的主管，因为他们总是在面对压力。

在我办公室的墙上，挂着一幅太阳系的大海报。一边是巨大的太阳，接着依次是水星、金星、地球、火星、木星、土星、天王星、海王星、冥王星。图上有些箭头指向地球，上面写着“你在这里”。它对我有一定的指导意义。

每次遇到问题时，我就会设想自己到了一个自己最喜欢的地方。比如，我会想象自己在坐火车——不是现代的火车，而是我在 1960 年第一次到香港时坐的那种老式火车——到香港的太平山顶。我找了个咖啡厅，要了一杯茶，开始俯瞰山下的美景。这是我最喜欢的精神转移的方式之一，它帮我解决了很多棘手的商业问题，因为每次来到这里，我都会想这个世界上没有任何一样东西是真正永恒的。由此我想到只要有足够的耐心和细心，所有的问题都能够解决。所以在随后几十年的时间里，我曾经多次穿越大洋前往香港。它帮助我学会了转换视角看问题——哪怕只是在大脑里进行一次这样的旅行也好。

那些从公司总部到工厂里视察的主管们也会遇到类似的情况，他们之所以能够看到工厂的管理者们平时意识不到的问题，就是因为他们有着跟工厂管理者不同的视角，他们跟问题保持了一定的距离。还有一种可以帮助你“远离”问题的方法，就是想象自己在公司里扮演的是另外一个角色。比如，你目前在阿拉巴马一家工厂工作，你可以想象自己是公司董事会主席，在公司位于华尔街的总部工作。问问自己：“如果我是董事会主席，我对这件事有什么想法？”通过将自己“转换”到另外一个时空，或者“转换”成另外一个人，你可以放下自己的一些旧观念，产生新的灵感。

步骤 9：对问题进行散焦

有时候散焦和聚焦同样重要。一个最好的例子就是化妆品巨头玫琳凯公司创始人玫琳凯·阿什。当她是一个销售员时，她想要为像自己这样在工作中得不到重视的女性写本书。她希望能帮助女性们更好地克服自己在工作中遇到的问题，但她不知道该如何写书，所以她开始列出能够帮助女性成功的所有积极因素。就这样，不知不觉中，她为自己的公司写出了一份一流的营销计划书。这时突然有一个商业灵感闯入了她的脑海，这造就了今天的玫琳凯公司。就这样，从一个想法开始，玫琳凯·阿什建立了年销售额高达 8 亿美元的产业。如果她只是一直想着怎么写一本书的话，她可能永远都不会创建今天的玫琳凯公司。当然，最终她也的确写了一本书，并且还是一本畅销书——《玫琳凯谈人的管理》。

弗雷德·史密斯刚开始时只是想运送联邦银行的文件，所以他为自己的公司取名联邦快递。当这个计划行不通时，他改变了自己的想法，用同样的商业计划创建了一家非常成功的快递公司。

步骤 10：用孩子般的天真看待问题

创造性整合的最后一步是学会像孩子一样看待你眼前的问题。还记得电影《飞越未来》（*Big*）吗？汤姆·汉克斯在里面扮演了一个神奇般地在一夜之间长大的孩子，并成为一家玩具公司的主管。虽然他对玩具制造一窍不通，但他却是一位非常有创造性的主管。因为他可以抛开所有公司运营上的问题，直击问题的要害。这部电影可能是根据美泰玩具公司的真实案例改编的，因为据说这家公司确实曾经邀请孩子们加入自己的董事会。

在看待问题时，不妨都把它看成第一次遇到的问题，想想自己会有什么反应。比如，你的一家工厂可能遇到了存货流失的问题。通常你的第一反应是聘请侦探来调查，或者增加工厂的保安人数来监督员工。要是一个孩子，他可能会问："请这些保安要花多少钱呢？员工们偷走的存货值多少钱？"结果可能你聘请保安的费用比员工偷走的存货价格高。这时孩子可能会说："那为什么宁愿花那么多钱请保安，也不愿意相信自己的员工呢？"

你可能会觉得这个案例有些可笑，但你可能同时也会想："说不定这会有效！说不定我们给员工多一些信任，他们反而不会偷东西了呢！"我就曾接触过一家这样的公司。发现有员工偷窃的问题之后，他们决定减少公司的保安力量——因为他们发现保安成本比失窃的产品成本高。然后说明公司信任员工，希望员工们能更好地自我监督，结果没有人愿意让自己的团队失望。让管理层感到惊喜的是，员工偷窃的现象几乎完全消失，公司的保安成本也降到了最低水平。

创造性整合可以让你在作决定之前拥有更多选择，我把这称为"分散思维"或者"扩展可能性"。在所有这些方法中，你最需要的是发挥你的想象力。还记得那位把脚放到办公桌上的主管吗？你也可以每天抽出几分钟时间让自己做做白日梦。

还是让一位真正的专家来总结关于创造性思考的话题吧。沃特·迪斯尼可能是20世纪最富有创意的思考者了。他曾经告诉一位来迪斯尼乐园的年轻人："如果能够牢记4个词，你就可以成为一个非常有智慧的人。第1个词，思考。思考那些指导你前行的价值观和信念。第2个词，相信。在确定了自己的价值观和信念之后，相信自己。第3个词，梦想。要敢于设定梦想，并根据自己的信念和价值观去实践自己的梦想。

第 4 个词，勇敢。要敢于把你的梦想变成现实，因为你对自己的信任，对自己安身立命的信念与价值观的认可。”

沃特·迪斯尼的这 4 个词为我们勾勒出了作任何一个决定的框架。

- 思考　努力思考一个问题，直到彻底想清楚。
- 相信　相信你能找到正确的答案。
- 梦想　产生富有创意的解决方案。
- 勇敢　敢于推进自己的梦想，直到把它变成现实。

将直觉与理性结合

在很多时候，企业家们之所以会陷入麻烦，主要是因为他们无法从直觉决策转到逻辑决策，即如今很多大公司里正流行的决策方式。企业决策者在他的车库里依靠直觉发动汽车是一回事；在今天一切透明的商业大环境中作决定又是另外一回事。戴维·马奥尼在创办自己的公司之前，曾经是诺顿·西蒙企业的总裁。他说道：“今天的 CEO 不能只靠直觉行事，他们必须依靠理性。”

对于像雷·克拉克、唐纳德·特朗普等拥有自己企业的人来说，他们完全可以单凭灵感来作出很多重大的商业决定，但如果你要向股东负责，或者说要向一位像哈罗德·吉宁这样的左脑逻辑型决策者汇报工作时，你还能仅凭直觉来作决定吗？

不知你是否想过，为什么企业家们的成功似乎总是呈现某种循环？他们前一分钟还处于巅峰，后一分钟很可能就陷入了挣扎求生的境地。唐纳德·特朗普、艾伦·邦德、弗兰克·洛伦佐、约翰·艾利奥特都经历过类似的循环。在我看来，他们之所以会经历这样的循环，一个最关键的原因就是他们的灵感会受到以下因素的影响。

(1) 他们失去自信，由于担心自己的好运走到了尽头。

(2) 他们必须说服投资人或银行家接受自己的决定。

(3) 他们必须严格按照银行家的规定行事。

(4) 他们必须在一个高压力的环境中行事。

那些凭着自己的某项发明或者某项专业技术取得巨大成功的企业家往往需要改进自己的管理技能。这被称为TM（技术管理）平衡，也就是技术知识和管理技能之间的平衡。这样的例子在计算机行业屡见不鲜。当公司的成长动力主要来自于创始人的技术知识——而非管理者的管理技能——的时候，其结果不外乎以下4种情况。

第一，企业家抓住手中的权力不放，最终拖垮整个公司。亚当·奥斯本是一位具有神奇色彩的企业家。他的父亲是一位宗教人士，他在缅甸说服当地的“野蛮人”们从基督教转信佛教。亚当·奥斯本曾是一位化学家，他写过一本关于计算的书，后来他成立了一家图书出版公司，并最终以400万美元的价格将该公司出售。随后他开始创办奥斯本电脑公司，并向市场推出了第一台低价的个人电脑。公司成立第一年，他卖掉了7.5万台电脑，每台电脑的售价约为2 000美元，总销售额约为1.5亿美元！如果他能意识到自己的管理技能已经不足以运营这家公司，他可能会请来一位管理者来经营奥斯本电脑公司。可他并没有这么做，他紧抓着权力不放，最终拖垮了整个公司。

第二种情况是所有人都希望发生的。企业家学会了经营一家公司所需掌握的技能，公司顺利成长。比如说微软的比尔·盖茨就是一个最典型的例子。

第三种可能是创始人被股东扫地出门。苹果电脑创始人史蒂夫·乔布斯是一个非常聪明的人，他意识到自己并不是一个好的管理者，于是他请来了百事可乐的约翰·斯卡里来经营当时规模尚小的苹果公司。当公司发展成为行业巨人时，乔布斯却没有掌握足够的权力。最终当他想要赶走斯卡里，重新控制苹果公司时，斯卡里的公司管理技能发挥了作用，反而将乔布斯赶出了苹果公司。

第四种情况是企业家很聪明，能意识到自己的局限性，并请来专业的管理者来经营整个公司。

为什么企业家们往往总是会相信自己的直觉呢？其中一个原因就是，作为企业家，他们首先必须拥有充分的自信。由于已经习惯了事事走在别人的前面，他们从来不担心别人的看法，这也就意味着他们总是非常独立。企业家们根本不用担心要去说服谁，他们相信刻板的思维只会扼杀了创意，他们不被那些条条框框所束缚。

企业家们是依靠想象力取得成功的最佳范例。虽然他们的右脑思维能力可以成就像芯片或即时贴这样伟大的发明，但有时候在作商业决定时还是需要遵守另外一种思维方式，也就是我所谓的**聚合思维**（Convergent thinking）。创造性整合会让你更加相信自己的直觉，并扩大自己的视野，但一味依赖直觉也会让你走进死胡同。在下一章中，我会告诉你该如何利用逻辑思维能力过滤自己通过创造性整合得到的答案。

CHAPTER 7

第 7 章
逻辑决策

不要把所有的鸡蛋放在同一个篮子里。

——托　宾（美国经济学家）

直觉型决策与逻辑型决策

直觉决策法似乎能解决所有的问题。如果真是这样的话，那我们只需坐着，每天做上几次关闭左脑的练习，然后发动我们的100亿个脑细胞去工作就可以了。但直觉思维在有些时候也会遇到问题。只要做个思维小练习就可以证明这一点。

> 我住在洛杉矶郊外的拉布拉高地。一天早晨，我决定开车沿着风景如画的海岸线前往旧金山，我要去看望我在曼隆学院上学的小儿子约翰。整个旅程一共400英里，需要开一整天的车。沿途要经过圣路易斯－奥比斯波、赫斯特城堡、大苏尔和蒙特雷。我早上8点上路，因为我一边驾车一边欣赏风景，所以我用了整整11个小时。两天之后，我开始驾车返回，同样是在早晨8点离开，沿着同样的路线。但由于这次时间比较紧张，所以我的车速很快，8个小时就到家了。

和两天前相比，我会在同样的时间经过同一个地点吗？

放下书，好好想一想。

你的答案是什么？可能你会说“不可以”，你会觉得我根本不可能在和两天前同样的时间路过同一个地点。当我驾车向北时，路过南部的时候是在上午，而当我从旧金山回到洛杉矶时，路过南部是在下午。如果是以相同的速度行驶，我就有可能在相同的时间路过相同的地点，可我来回的速度并不相同，所以答案一定是“不会”。

但事实并非如此。答案是“可以”，我会在同一个时间路过同一个地点。单靠直觉所得到的答案有可能是错误的，这就是一个例子。这个问题需要你的逻辑思维能力。不妨换种方式想一想，如果是两个人在同一天开始上路，我早晨 8 点离开洛杉矶前往旧金山，我的儿子约翰也是早晨 8 点离开曼隆学院前往洛杉矶，而且他的速度要比我快很多。我们是否会在途中的某个地点相遇呢？当我们相遇的时候，我们难道不是在同样的时间到达了同样的地点吗？

你的直觉可靠吗

认知科学家彼得·沃森曾经进行过一个非常有趣的实验。他摆出了 4 张卡片。

这 4 张卡片上一个是元音，一个是辅音，一个是偶数，一个是奇数。然后他说道：“我可以判断，任何一张写着元音字母的卡片，它的背面必定是偶数。如果让你通过翻动 4 张卡片中的任何两张来证明这一点，你会怎么做？”

放下书本，仔细想一想。

在所有接受过该测试的人中，只有 4% 的人找到了正确答案。很显然，你会翻动 A，以确认它的背面是偶数。但大多数人都会选择 4，以确认它的背面是元音。可这样做是错误的。正确的答案应当是 7，因为这样可以确认它的背面不会是元音。

有趣的是，在这个实验中，不仅 96% 的参加者没有找到正确的答案，而且他们根本不能理解为什么要翻转 7，而不是 4。如果你翻转的第二张卡片是 4，它的背面确实是元音。但 7 的背面仍然有可能是元音。这就违反了“任何一张写着元音字母的卡片，其背面必定是偶数”的前提。所以你根本不可能通过翻转 A 和 4 两张卡片来证明这一陈述。

所以你应该翻转的卡片实际上是 A 和 7。如果 A 的背面是偶数，而 7 的背面不是元音，这样你就证明了这一陈述。但你怎么知道 4 的另一边会有元音呢？没关系，它的旁边是元音还是辅音并不重要。因为你要证明的是：如果一张卡片写着元音，它的背面就一定是偶数。如果 4 的背面是元音，没关系；如果它的背面是辅音，这也并不违反我们要证明的陈述。有些困惑，对吧？

就像“洛杉矶—旧金山”的相遇问题一样，直觉有时候是不可靠的。

不管你的直觉多强大，有些决定是不能仅仅依靠直觉的。你需要逻辑思考，在本章中，我们将讨论 3 种不同类型的决定：“做还是不做”类型；“在两种方案之间进行选择”类型；“具备 3 个或 3 个以上的选择”类型。

做还是不做

有很多统计学上的方式可以用来分析你的选择。当然，我们不可能将所有的方式都尝试一遍。决定对你越是重要，你就越希望能更多地参与到决策的过程中来。

在第 3 章中，我们谈到了如何利用这些方式规划自己的决定。

- 它是否需要分析、整合或判断？还是要将三者结合起来？
- 你是要解决问题，还是要抓住机遇？
- 你面对的是人才的问题，还是资金的问题？
- 你是在“做还是不做”之间选择，还是在更多方案中选择？

如果你发现自己所面对的是最后一种情况，这也就意味着你需要更多地参与到决策的过程中去。现在你必须选择一种决策方式来解决眼前的问题。在商业世界，你可能会遇到类似的问题：接受这份工作，还是不接受？收购你的竞争对手，还是不收购？当你面对“做还是不做”的问题时，我建议你选择以下 3 种方式：掷硬币、列清单、量化分析。

掷硬币

先说最简单的解决方法：掷硬币。千万别笑，我说的是非常严肃的事情。有时候掷硬币可以帮你作出很多决定。这一点是在我和儿子德维特一起去中美洲旅行时认识到的。

大师手记

在过去的十几年里，我一直都梦想着能够驾车前往布宜诺斯艾利斯，只是一直没能挤出 6 个多月的时间来做这件事情。后来我决定先驾车到中美洲尝试一下，看看自驾的感觉如何。动身之前，我觉得有必要带上我的孩子们。这是我教他们认识世界的一种方式。我经常带着我的孩子们前往世界各地，但他们总是想办法找机会回家。

就这样，我们驾车穿过了墨西哥、危地马拉，到达洪都拉斯。一天晚上，我们来到洪都拉斯的首都特古西加尔巴，这时我们无法决定到底是该去马那瓜、尼加拉瓜还是调转车头，从萨尔瓦多穿过危地马拉前往伯利兹。晚饭的时候，我们就这个问题讨论了很长时间，始终无法下定决心。最后，德维特说：“我们掷硬币决定吧。”

我说：“德维特！我可不想让一枚硬币来替我们决定这么重要的事情。目前萨尔瓦多在经历内战，如果我们路过那儿的时候遇到枪战怎么办？到时候人们在我的讣告里看到我是因为一枚硬币而毙命的，那该有多可笑！”

德维特说：“掷硬币并没有你想象的那么简单，爸爸。我们先掷硬币，然后再决定吧。”

“你说什么?!”我说道，“难道我26年来一直在养一个傻瓜?”

“相信我，爸爸。你会喜欢我的建议的。相信有一天，你会在自己的研讨班上跟大家分享这个方法的。”

于是我们开始掷硬币。如果是人像，我们就去尼加拉瓜；如果是字母，就去萨尔瓦多。结果是人头——尼加拉瓜。德维特说：“现在你觉得怎样？”

真是不可思议。一分钟之前，我还不能肯定自己到底想去哪里。可就在一分钟之后，我看到掷出的是人像居然非常失望。我其实想去的是萨尔瓦多和伯利兹。掷硬币决定看起来非常愚蠢，但它却起到了非常神奇的作用，帮助我们最终下定了决心。后来我们去了萨尔瓦多，不仅没有遭到枪击，还在危地马拉的东部经历了几次危险——我们遇到了世界上最糟糕的路况；在一个牧场里遇到了几次现场屠宰；还跟一位新结识的以色列朋友一起探访了神秘的玛雅古城。

当你难以下定决心时，掷硬币真的是一个不错的方法。

掷硬币在商业场合里如何运用呢？比如，你拥有一家汽车经销店。附近的一家克莱斯勒经销店经营状况非常糟糕，店主想要出售。你已经作过了各种分析，但还是无法决定。这笔交易并不是非常诱人，但它似乎也是一个不错的机遇。不妨先掷硬币，然后看看自己的感受如何？你的大脑是否在拼命地拒绝你得到的结果？你是否在想“我其实并不想再给自己找那么多麻烦”？或者你在想“现在我知道到底该怎么做了”！

如果经常使用这种方法，你可能会发现自己甚至根本不需要掏出硬币。大多数人都会把“人像”看成正面的选择，“字母”看成负面的选择。很多情况下，人们都会把“人像”预设为自己想要选择的答案。你会自言自语：“如果是‘人像’，我就买下它，否则就不买。”这时一个模式产生了。如果你看到“人像”感觉很失望，看到“字母”很高兴的话，你甚至不需要掷硬币就可以知道答案了。

列清单

另外一种应对“做还是不做”类型的决策办法是列清单。这就像是航天控制中心的倒计时或是飞行员的一览表。这份清单主要包含为了推进下一步工作所应该具备的一些基本要求。

比如，你所管理的银行在考虑聘请一位怎样的专业人员来进行数据处理。这时，你首先要列出应聘这一职位的最低要求，这包括：

- 必须拥有 5 年的数据处理经验，而且至少有一年的银行从业经历。
- 如果工作需要，必须能接受迁到市中心工作。
- 不愿意接受降薪（根据经验，那些愿意降薪的人往往很容易对工作感觉不满意，并很快离职）。
- 能通过体检。

你可以把这份清单交给人力资源主管，这样他就可以在筛选应聘者的时候事先确立一个明确的标准，或者你也可以自己用这些标准来衡量人力资源部门递上来的简历。

列完清单之后，一旦有应聘者前来应聘，你就可以根据清单上的要求逐条筛选，直到找到完全符合这些条件的应聘者为止。

量化分析

面对“做还是不做”型的决策时，还有一种更复杂的方式就是我所谓的量化决策法。你可以分别列出两个清单，在上面分别写出“做”或“不做”的理由，然后给每一个理由按照 1~10 的标准打分。

我就是用这种决策方式决定在哪儿写这本书的。我在箭头湖边的山林里有一栋房子，距离我现在的住处大约 90 分钟的车程。在决定该在哪儿写这本书时，我的脑子里出现了两个方案：一是箭头湖，二是在家。

首先我列出了一张关于“为什么要在箭头湖”的清单。我想到了 3 个理由：在那儿的干扰会更少；那儿的环境更有利于激发我的创造力；那儿的环境更加轻松。

然后我列出 4 条在家里完成这本书的理由：我的家庭图书馆里有需要的参考图书；离家不远的公共图书馆更大，检索起来也更方便；在家不至于那么孤独；在写作的这段时间里，我还需要处理公司的日常事务，在家写书可以避免我在来回的路上浪费时间。

接下来就是对每一个因素按照从 1~10 的分值打分。记住，在使用量化决策法的时候，所有的分值都是正向的。5 分以下并不代表着要否定某个因素，只是表示这一因素的正面性不高而已。

对于“去箭头湖写作”，我的打分如下：

量化分析表 7–1

更少干扰	8 分
更有利于激发创造力	6 分
更放松	5 分
总　分	19 分

把所有的分数相加，除以 3，最终得出的平均分为 6.3 分。

对于“在家办公”，我的打分如下：

量化分析表 7–2

方便使用家庭图书馆	8 分
方便使用附近的公共图书馆	6 分
不那么孤独	4 分
节省往返时间	9 分
总　分	27 分

然后把总分除以 4，最终得出的平均分是 6.8 分。

由于“在家写书”的平均分要高于“去箭头湖办公”的平均分，所以我最终决定在家里完成这本书。你觉得我的决定怎样？记住，在使用量化决策方法时，并没有所谓的负面因素。你只要给所有的支持因素打分，然后用总分除以因素的个数，最终得出平均分即可。

如何在两种方案之间进行选择

如果需要你在两种备选方案之间作出选择时，又该怎么办呢？当然，出现这种情况的概率是非常低的。如果使用我在第 6 章里谈到的创造性整合法，你想出的备选方案绝对不止两种。可如果把所有的方案筛选之后，最终只剩下两种，你又该如何选择呢？

1～10 评分系统

1～10 的评分系统可以让你的决策变得更容易。一旦你按照这种方式给所有的备选方案打分，答案就变得非常明显了。这种方法的优点在于它能迫使你对各种选择进行系统的评估。比如，你想再开一家销售酸奶的冷饮店，但却无法确定究竟该选择塔尔萨还是俄克拉荷马城。你埋首在这两个城市的 3 英寸高的报告书中。可似乎你得到的信息越多，作选择就越困难。这时不妨尝试一下 1～10 评分系统。你感觉塔尔萨这座城市怎么样？大概 8 分。你感觉俄克拉荷马怎么样？大概 8.5 分。为什么会有这种感觉呢？你也不知道，但你脑内的 100 亿个脑细胞经过运转之后，告诉你的确就是这个答案。

当然，千万不要用直觉来推翻你所掌握的事实信息。当你举棋不定时，不妨尝试用 1～10 评分系统来打破僵局。

1～10 评分系统还可以帮助你从别人身上获得信息。如果你是一位推销员，你不确定某位客户是否会下订单，这时你不妨问对方：“如果用 1～10 评分系统来打分的话，你觉得这笔业务可以打几分呢？ 10

分表示你马上就会下订单，1 分表示你根本不会考虑我们的产品。”我还从来没遇到任何拒绝告诉我答案的客户。

你的客户可能会说 ：“好吧，我想应该是 6 分。”

接着，你应该说 ：“好，那么请您帮个忙，告诉我怎样才能得到 10 分呢？”

她可能会回答 ：“好，那我告诉你吧。我看了你们预计的折扣价，但我希望有更低的折扣，否则我们很难下决心采购你们的产品！”

太棒了！在几秒钟的时间里，你就打破了对方的沉默，甚至让对方作出了承诺——只要你能够达到他们的要求，他们就会购买你的产品。

再比如你想聘请某个人担任公司一个非常重要的主管职位。你不确定你所提供的薪水能否满足对方的要求。这时你不妨问对方 ：“我想请你加入我们，你觉得这个想法怎么样？如果按照 1～10 的标准打分，你觉得应该是多少分？ 1 分表示你根本不会考虑，10 分表示你会立刻接受。”这样你立刻就能判断出对方的意愿，而根本不需要直接问对方是否对你提供的待遇满意。

这是我所学到的最有力的探测对方意愿的工具，而且几乎屡试不爽。

15 年来，我一直在使用 1～10 评分系统，但直到最近我才意识到一个非常重要的事实 ：并非每个人都会按照 1～10 的标准打分。

大师手记

我有 3 个孩子 ：朱莉娅、德维特，还有约翰。有一年冬天，我们在犹他州的帕克城租了一间小屋，准备一起到那儿滑雪度假。在帕克城待了几天之后，我们讨论是否要到山的另一边的雪鸟城滑雪。每个人的意见似乎都不一样。于是我问我的小儿子约翰 ：“如果按照 1~10 的标准打分的话，你觉得去雪鸟城怎么样？”

他说 ：“我打 7 分。”这个回答对我的决定几乎没有帮助。就在这时，他说了一句让我恍然大悟的话 ：“在我的打分表上根本没有 8、9、10 分。”

一点没错，约翰是一个低调的孩子。他从来不会为任何事情特别激动，但他也不会轻易地感到沮丧。记得有一年夏天，我们一起去欧洲爬山，最后他爬上了马特霍恩山（阿尔卑斯山脉中最著名的山峰），因为他之前只爬过两次山，而且这是他的第一次攀岩，所以这是一个非常了不起的成就。我在海拔 14 000 英尺的山峰见到他时，一把抱住他，并说：“我简直不敢相信你成功了！”

他还是一如既往地低调：“我本来就应该爬上来啊！”的确，在约翰的心目中，根本没有 8、9、10 分，也没有 1、2、3 分。他的评分系统只有 4～7 分。而我的大儿子德维特则是另外一个极端，他的评分系统只有 1、2、3、8、9、10 分，是一个爱恨分明的人。

因此，一定要注意到这一点。你的评分系统中可能根本没有 8、9、10 分。所以对于你来说，7 分可能就意味着“可以动手了”。

本杰明·富兰克林决策法

本杰明·富兰克林曾经发明过一种非常流行的决策技巧，相信你也用过。在写给英国化学家约瑟夫·普利斯特里的一封信中，富兰克林谈到了自己是如何作决定的，他写道：

我（作决定）的方式是在一张纸上画出两栏，一边写上赞同的理由，另一边写上反对的理由。考虑了三四天之后，我会在不同栏目里写下自己在不同时间里对这些理由的思考。然后把它们综合到一起，估计出它们各自的分量。当我发现栏目两边有分量相当的理由时，就把它们都删掉。如果发现 1 个赞同的理由可以抵消两个反对的理由，我就把这 3 个都删掉。如果发现两个反对的理由可以抵消3个赞同的理由，我就把这5个都删掉，然后接着判断。就这样，又考虑了一两天，当我实在想不出新的理由时，我就会根据自己得到的结果作出决定。

富兰克林把这称为“谨慎的代数学”。使用这一技巧，你需要首先画一张表格。

富兰克林决策表 7-3

赞同的理由	反对的理由

列出所有的赞同和反对的理由之后，按照重要性来相互抵消。比如你觉得某个反对的理由在重要性上等同于某一个赞同的理由，你就可以把这两个都删掉。你可以按照这种方式逐一删除你的赞同理由和反对理由，最终留下来的一方获胜！当你要决定做不做一件事情时，这不失为一种有效的决策方法。但面对多个选择的时候，它可能就不那么有效了。

销售人员发现，在需要说服买家的时候，本杰明·富兰克林决策法是一种非常有效的方法。他们常常会拿出一张纸，中间画一条竖线，在一边写上购买的理由，另一面写上拒绝购买的理由。接着，他们会说服客户找出更多支持购买的理由！

成绩单决策法

遇到二选一的问题时，你可以采用的第三种方法是成绩单决策法。《今日美国》（*USA Today*）创始人、报业天才艾伦·纽哈斯就曾经用这种方法来决定自己是否要从底特律的奈特报系跳槽到甘乃特报系。当时他在奈特报系的表现非常出色，所以他当时作出这一决定的前景并不明朗。他列出了所有从职业和个人角度来说对自己最重要的因素，然后按照 1~10 的方式给所有这些因素打分。其中最主要的是甘乃特报系是一家上市公司，所以他有机会最终完全掌控这家公司。奈特报系则是一家由家族控制的公司，所以他在这家公司永远不可能拥有完全的独立决策权。当然，在忠诚度方面，他给奈特报系打了 10 分。但即便如此，最终还是甘乃特报系获胜，94∶92。比分非常接近，但已经足以改变整个美国报业的历史了。加入甘乃特报系之后，纽哈斯带领整个公司攻城略地，直到最终几乎将全美各地的小报一网打尽。不仅如此，《今日美国》还成为美国唯一一家拥有足够多的印刷厂，可以采用“统一编辑，分散印刷”的方式运营的报系。

下面让我通过一个故事解释怎么使用成绩单决策法吧。

有一次，我和儿子德维特一起驾车前往中美洲旅行。当时我们最想买的车是尼桑探路者。这是一种四轮驱动的尼桑车，一看就非常棒。德维特让经销商送了一辆车让我试驾，感觉真是好极了。除了尼桑探路者之外，我们还看中了一款四轮驱动的厢式旅行车福特宇宙星。

我们列出了所有对我们比较重要的因素，然后给所有因素一一打分。我们觉得自己可能更倾向于使用美国公司制造的车，但又觉得这是不应有的偏见，所以删掉了这一因素。我们开始一一考虑这些因素。首先，第一个要素是耗油量。这趟旅行有数千英里，所以耗油量非常重要。在这一点上，我们给尼桑打了 5 分，福特是 8 分。记住，按照 1~10 进行打分时，5.5 分才是中立，低于 5.5 分实际上是否定，高于 6 分才是肯定，所以如果你觉得 5 分是中立的话，那说明你可能过于乐观了。

在中美洲是否容易买到配件是我们考虑的另外一个要素，我们之所以放弃很多其他车型，主要就是由于这个原因。在这个因素上，我们给福特打了 8 分，尼桑是 6 分。虽然我们此前从来没有在车上过夜，但我们觉得此次中美洲之行可能需要在车上过夜，所以我们在这个因素上给福特打了 8 分，尼桑是 2 分。至于驾驶舒适度，我们给尼桑打了 6 分，福特是 8 分。我们还考虑了此次旅行结束之后车子的用途，这个问题福特占有较大优势，比分是 9 : 5。此外，福特的载货空间也比较大，所以在载货空间上双方比分是 8 : 4。厢式旅行车要比尼桑车便宜 8 000 美元，所以双方在价格上的比分是 8 : 6。至于路况适应性，尼桑要超过福特，比分是 9 : 7。至于可靠性，由于福特使用的是新型的电子四轮驱动,所以它的可靠性实际上要低于尼桑,比分是 6 : 8。最后，我们还考虑了自己的购买欲望，从直觉上来说，我们到底想要哪种车？在这个问题上尼桑胜出，双方比分 9 : 5。

然后我们将所有的分值相加，福特宇宙星的得分是 75 分，而尼桑探路者的得分只有 60 分，所以我们最终选择了福特车。这个选择没有让我们失望。福特车表现优异，尤其是在危地马拉东部的时候，我们遇到了我所见过的世界上最糟糕的路况，但福特车表现得好极了。

成绩单决策表 7-4

指　标	尼桑探路者	福特宇宙星
耗油量	5	8
是否容易购买配件	6	8
夜宿舒适度	2	8
驾驶舒适度	6	8
旅行之后的用途	5	9
载货空间	4	8
价　格	6	8
路况适应性	9	7
可靠性	8	6
购买欲望	9	5
总　分	60	75

毫无疑问，成绩单决策法也有一些非常明显的缺陷，其中最大的缺陷就在于它不能给予每个因素不同的权重。但既然它能帮助艾伦·纽哈斯找到正确的答案，相信一定也能帮助你我更好地作决定。

如何在多个方案之间进行选择

下面我们来讨论一些更复杂的情况。当你面对 3 个或 3 个以上的方案时，选择就变得很复杂。这时我们不仅需要进行判断，而且还需要分析和整合——把很多因素归纳到一起，整理出新的方案。每当要在 3 个或 3 个可能性之中作出选择，而且每种可能性的结果又是可以预测时，我通常会使用一种我称之为“加权选择法”的方法来帮助我作出选择。

加权选择法的第一步就是用积极的方式描绘出你的目标蓝图。你准备达到怎样的结果？千万不要去考虑那些自己不喜欢的因素，而只考虑每种选择方案积极的一面。比如你在考虑是否要换工作时，消极的因素可能包括：

- 我讨厌我的老板。
- 现在工资太低，我都要饿死了。
- 我觉得自己像被套住了。
- 我不喜欢水牛城的天气。

这种消极的想法并不能激发灵感和创意，只会扼杀它们。所以你应该集中考虑那些积极的目标，比如：

- 我想去一家能够为我提供更多机遇的大公司。
- 我想赚更多钱。
- 我想生活在气候比较温暖的地方。
- 我想要更好的福利待遇。

- 我想要接受更大的挑战。
- 下一个老板可能会用一种更加欣赏的眼光看我。
- 换个工作，我在公司得到升迁的概率可能更大。
- 我可以拥有一个更好的头衔。

在列出所有支持你换工作的因素之后，接下来你可以根据重要性按 1~10 的分值来给每个因素分配权重。比方说你可能并不是很看重钱和头衔，你最关心的是你的职业发展机遇，以及你最终能否运营整个公司。在给每个因素分配权重时，你一定要完全忠实于自己的真实感受，比如在是否换工作这个问题上，你的打分如下：

多种方案决策表 7-5

目　标	权　重
1. 更好的机遇	10
2. 更多的金钱	8
3. 更好的地点	6
4. 更好的待遇	6
5. 更大的挑战	9
6. 更好的上司	8
7. 更高的职位	7
8. 更好的头衔	4

接着，启动你的创意思维，列出所有的备选方案。比如，你可以列出一张符合你要求的业内公司清单，然后用 1~10 的评分系统给每家公司打分，然后乘以权重，得出最终的分数。

比如，你给“机遇”分配的权重指数是 10，而你在“机遇”这个因素上给某家公司打的分数是 7 分，这家公司在这一因素上的得分就是 70 分。“福利”权重指数是 6，你给这家公司打分是 7 分，该公司在“福利”这一因素上的得分就是 42 分。所以最终你的列表是：

多种方案决策表 7–6

目　标	权　重	你的打分	该项得分
1. 更好的机遇	10	7	70
2. 更多的金钱	8	8	64
3. 更好的地点	6	8	48
4. 更好的待遇	6	7	42
5. 更大的挑战	9	6	54
6. 更好的上司	8	7	56
7. 更高的职位	7	8	56
8. 更好的头衔	4	8	32
合　计			422

通过这种方式筛选之后，你可能会列出大约 20 家不同的公司，你可以根据每家公司的得分先试着作出决定。你可以问自己："如果选择这家公司，可能会有哪些不好的结果？"你可能忽略了某些因素，比如你在列清单时可能没有考虑到橄榄球比赛的问题，但当你认真考虑搬到阿玛利罗时，你却突然想到，这将意味着你会错过随后所有的职业橄榄球比赛。列出你的备选方案，一旦你的决定出现失误，你准备采取的应对方案。如果你所列出的 20 家公司中没有一家录用你怎么办？如果你搬到休斯敦之后发现自己无法适应当地的气候怎么办？

你可以仿照"加权选择法表"列出自己的决策表格。

可能你觉得这种决策方式过于复杂，但请记住，你并不需要用它来决定诸如"去哪儿吃午饭"这样的事情。只有在遇到那些可能会影响你一生的重大决定，比如搬家或换工作的时候，才需要用到这种方法。

加权选择法表 7-7

A 目标	B 权重指数	C 个人评分	D 得分值 （B乘以C）	E 实现目标 的可能性	F 得分值 （B乘以E）
1					
2					
3					
4					
5					
6					
7					
8					
总分					

注：在使用该表时，可能你并不需要用到所有的栏目。比如，你可能只为自己设定了 3 个目标，而不是上表中给出的 8 个，或者你可以根据自己的需要添加新的行或列。

在本章中，我们讲述了该如何处理一些相对简单的决定。在作这些决定时，通常先作出决定，然后根据这一决定采取行动，并最终检验该决定是否正确。

如果你并不清楚自己的每一个决定可能会导致怎样的结果，这时你就需要采用一种相对复杂的决策方法了，比如，我们下面将要谈到的反应表和决策树等。但进行下一个话题之前，我们还是先更新一下我们在前面曾经列过的决策图表吧。

决策分析表 2

长期影响
不会
使用标准型，采纳第一个符合条件的选择
会
问题还是机会
机会
是
遵守或改变相关规定
是
确定规则
问题
是否有相关规定
不是
可能会再次出现
不
对决定进行分类
是对还是错
究竟该选哪个
是否根本没有答案
动手还是不动手
评分表
本杰明·富兰克林
成绩单
加权平均
寻找更多方案
快速推理
关闭左脑
创造性整合的 10 步骤
掷硬币
列清单
量化评估
分析和判断
潜在的原因
创造性综合
咨询专家
其他人曾经遇到过
在继续下一步之前，思考以下问题：
是问题、机遇，还是假象
是人才的问题，资金的问题，还是二者兼有
如果冷处理，结果会怎样
判断那些独一无二的因素

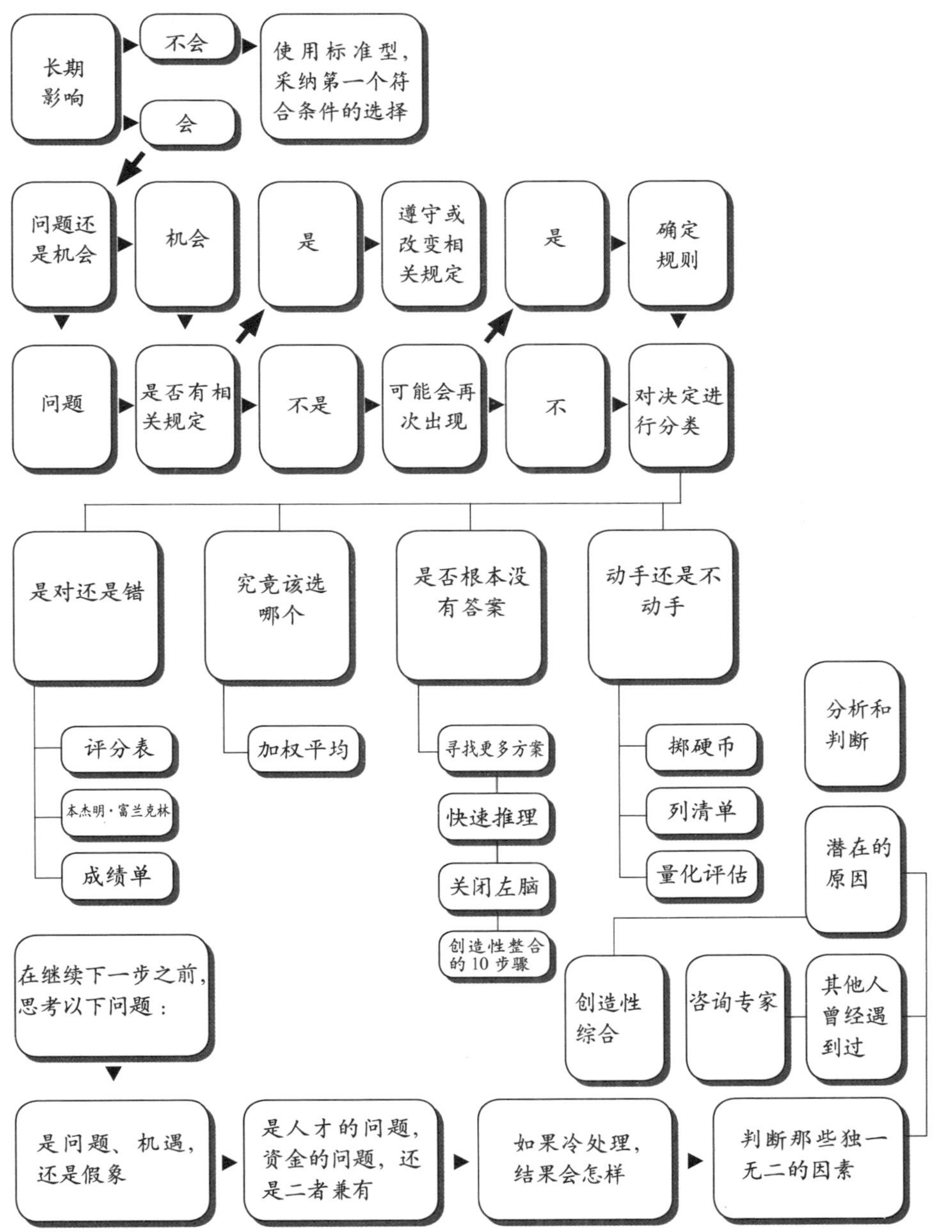

CHAPTER 8

第 8 章
巧用反应表和决策树

犹豫不决固然可以免去一些做错事的可能，但也失去了成功的机会。

——王安博士（美籍华裔企业家）

在前面，我们讨论了当决策结果可以预期时，应该使用的决策方法。可如果决策的结果是未知的，这时又该采用哪些方法呢？遇到这种情况时，首先利用你所搜集到的信息作出最佳的选择，然后想象其他人对你的选择可能会有怎样的反应。

使用反应表应对未知状况

设想你拥有一家名为 DPC 的数据处理咨询公司，你的公司正在竞投一家大型银行薪资处理系统的合作项目。在作出这个决定时，你所面对的变量如下：

- 你知道还有其他公司也在竞投该项目，但你不知道数量多少。
- 你知道价格对于银行来说是一个非常重要的因素，但你不知道价格会在多大程度上影响你竞标的成功与否。
- 你知道你为该项目配备的高级程序员的数量也会影响竞投的成败，但你不知道会产生多大影响。

遇到这种情况时，我建议你使用反应表。虽然反应表看起来要比加权平均法复杂很多，但当你在作一些结果不可预测的决定时，反应表绝对是一个不错的选择。通常来说，反应表主要包括以下几个要素：

- 备选方案。你所拥有的可供选择的方案。
- 变量。选择某一个方案可能会给你带来的影响。
- 结果。对方针对你的每一个方案可能会作出的反应。

首先你可以列出 3 个栏目。左边是你所拥有的备选方案，中间是可能出现的变量，右边是每一个变量可能引发的结果。每一栏目都应该留有足够的空间填写，因为你的每一个方案都会衍生出很多变量，每一变量都有很多不同的结果。总体来说，你的反应表应该是这样：

反应表 8-1

备选方案	%	变　量	%	结　果

注：左边列出你的备选方案，中间是可能出现的变量，也就是说，如果你选择该方案的话，会导致什么结果？在后面的百分栏里，你可以列出出现这种情况的概率。记住，该栏的百分数相加起来一定是 100%。在最右边一栏，列出你的每一个决定可能引发的结果。

如何处理各种变量

比如你的备选方案有：

- 竞投该项目的公司数量。根据你的判断，可能会有另外3家公司竞投同一个项目。
- 你的标价。你可以选择3种方案，高竞标价40万美元、中等竞标价35万美元和低竞标价30万美元。
- 你准备为该项目配备的程序员数量。通过计算，你确定完成这个项目一共需要4 000小时的时间，也就是说，如果派8名程序员来完成这件事，大概需要3个月的时间。根据该客户的重要程度，你可以选择派4名、3名或者两名程序员来负责该项目。如果派4名程序员，每小时的成本大约为40美元，总共的成本是16万美元；派3名程序员，成本可以降低到每小时35美元，总共的成本是14万美元；派两名程序员，成本大约为每小时30美元，总共的成本是12万美元。

这也就是说，第一栏里的3个备选方案可以在第二栏里产生10个变量，具体是：

- 有4家公司同时竞标。
- 你可以选择3个层级的报价。
- 你可以分配3个数量值的程序员。

考虑所有的因素，评估对方的反应

接下来就是评估银行对你的每一个决定的可能反应。在对所有的竞争对手进行评估之后，你估计如果自己报出跟其他3家公司相同的价格，配备人数相同的程序员，你的胜算大概是50%。

你预测如果把报价提高到 40 万美元的话，你的胜算将降低到 30%；选择 35 万美元的中间报价，胜算则保持在 50%；而反过来，如果把价格降低到 30 万美元，你的胜算就可以上升到 65%。

最后，你考虑了程序员的配备数量，你觉得这并不是一个非常重要的因素。如果你愿意调配 4 名程序员，你的胜算可以增加 20%；如果只调配两名，你的胜算就会降低 25%。然后在后面的“结果”栏中计算出每一种方案可能带来的利润。如果你选派 4 名程序员，选择最低的报价，则你的利润是 14 万美元；而如果银行接受你的最高报价，而只调配两名程序员的话，你的利润将高达 28 万美元。

关于竞争对手，经验告诉你，A 公司的报价通常都很高，该公司的知名度也相对较高，所以你判断 A 公司的报价应该在 45 万美元左右。B 公司的报价可能是 40 万美元，跟你的最高报价一样。C 公司的报价通常比较低，大概等同你 30 万美元的最低报价。

像这样把所有的信息都列出来之后，你作决定时就比较容易了。根据经验，如果把报价定在 35 万美元，你几乎可以肯定能够赢得这笔订单。35 万美元的报价比那家知名公司的报价低了 10 万美元，但仍然比 C 公司的报价高出 5 万美元，但是你觉得如果你调配一些有过银行业经验的优秀程序员，拿下这个单子应该没有任何问题。

接着选择程序员的数量。如果派两名程序员，你的利润大约是 23 万美元；如果派 3 名程序员，则利润大约为 21 万美元。当然，在这之前你确定根本没有必要派 4 名程序员。这样一来，最后一个要考虑的问题就是，既然你比报价最低的 C 公司高出了 5 万美元，就有必要配备 3 名程序员。但你也可以赌一把，只派两名程序员，这样可以省下两万美元的成本。

所以你可以选择报价 35 万美元，配备 3 名程序员来完成这项工作，或者报价 33 万美元，调配两名程序员。最后的表格如下，从中你可以看出使用反应表能让各种方案的结果一目了然。

反应表 8–2

备选方案	变　量	结　果
参与竞投的公司	A 公司 B 公司 C 公司 我们公司	最高报价　45 万美元 你的最高报价　40 万美元 最低报价　30 万美元 报价 35 万美元（配备 3 名程序员） 33 万美元（配备 2 名程序员）
你的预想报价	40 万美元 35 万美元 30 万美元	赢得该项目的概率 30% 50% 65%
参加项目的程序员数量	4 名程序员　成本 16 万美元 3 名程序员　成本 14 万美元 2 名程序员　成本 12 万美元	和三种报价组合后的利润 24 万美元　19 万美元　14 万美元 26 万美元　21 万美元　16 万美元 28 万美元　23 万美元　18 万美元

如何建立反应表

创建反应表一般包括 7 个步骤。

1. 确保你所面对的问题只需要作出一个决定即可解决。如果要作出一系列决定时，你需要的是决策树，我们将在后面谈到这种方法。

2. 列出所有的备选方案。

3. 列出这些备选方案可能导致的结果。

4. 建立表格，在每一栏中一一填上备选方案、变量以及可能的结果。

5. 根据每个备选方案的结果计算出最终的财务收益。然后开始筛选，首先剔除那些对结果没有多大影响的方案。比如，在上面的例子中，我们假设银行认为 3 名程序员就已经足够，所以根本没有必要调配 4 名程序员来负责这一项目。

6. 剔除那些不利于结果的备选方案。比如，你觉得如果报价 30

万美元，你的利润就会太低，那么不妨将这一报价从你的备选方案中删除。

7. 对最终结果进行量化。这些结果出现的概率有多大？然后选出最佳方案。这一步的关键在于判断每一种情况出现的概率时要尽量精确。

遇到多重决定时，使用决策树

反应表通常只适用于那些单一的决定，它可以帮助你从众多方案中选择最合适的。但当一个决定会导致另外一个决定，从而引发一连串的连锁决定时，你就需要采用一些更加复杂的决策方法。总的来说，当你需要作出多重决定，而每一个决定的结果又无法预测时，我建议你采用决策树。

所谓多重决定，就是在作出一个决定之后，你需要根据该决定所产生的结果来作另一个决定，以此类推，引发连锁反应。一个最简单的例子就是军事进攻。你不知道敌人会作出何种反应，所以你必须对每一种可能的结果都提前作好准备。比如，在发起反攻之前，你必须对敌人的每一种可能反应制订计划。这时你就需要使用决策树了。

当你需要同时应对 7 种以上的备选方案时，决策树就变得非常重要。还记得前面谈到的信息组块吗？我们的大脑一次只能处理不超过 7 条信息，否则我们就会陷入混乱状态。之所以认为高尔夫和国际象棋是高智商的游戏，就是因为它们需要你一次考虑 7 种以上的可能性。电话号码和汽车牌照之所以不超过 7 位数字，也是这个原因。如果一个决定需要我们考虑到 7 种可能性，我们的大脑就会陷入混乱。如果你突然想到了一个方案并觉得可以立刻将其付诸实行。可半个小时之后，当你又仔细思考这个方案时，你突然觉得这是个非常愚蠢的主意。就这样，你的大脑在不同的选择方案之间跳来跳去——你的大脑已经严重超载了。

怎么办？首先应该用决策树将你手中的备选方案减少到 7 个以下。

为了说明这一点，让我给你讲讲我的一次亲身经历。我在华盛顿州有一块地皮，我不知道要不要在这里建一栋房子。华盛顿州是一个我非常喜欢的地方，从 1968 年到 1970 年，我一直住在华盛顿的亚基马市，我的小儿子约翰就出生在这座城市。我还在这里的怀特隘口学会了滑雪，在这里的亚当斯山开始了我的第一次登山。1970 年，我登上了雷尼尔山。从那以后，我就一直梦想着能在华盛顿拥有一块可以看到雷尼尔山的土地。我梦想着在那里修建我的晚年小屋，退休之后，我可以在自己的小木屋里眺望山景。

1988 年离开华盛顿州时，我的女儿朱莉娅还只有 7 岁，后来她迷上了登山。她曾经和一位朋友一起登上了加州的最高点惠特尼峰。从那以后她对登山运动着了迷，总是希望我带她登上雷尼尔山顶。我觉得这是一个不错的主意，于是开始恢复训练。

由于一直想要在雷尼尔山附近建自己的小木屋，所以我给当地的房地产公司打了电话，希望能够找到一块可以看到山景的地皮。如今我的梦想已经从小木屋发展成为 5 英亩（1 英亩约为 4 048 平方米）的房子了。我找到了伊顿维尔房地产公司的玛吉·瓦恩布雷纳，告诉她我想在登山之后看看附近的几块地皮。朱莉娅和我成功地登上了山顶，并且见到了玛吉。玛吉带我们看了几块地皮，没有吸引我们的，它们根本不符合我的梦想。于是我们驾车返回了玛吉的办公室，我问她：“难道你们没有一块可以看到雷尼尔山景的地皮吗？”

她告诉我：“我们确实有一块不错的地皮，但比你想要的大得多，这块地皮有 100 公顷。”

“我们可以看看吗？”我问道。

“当然，”她说，“跟我来吧。”然后她带着我们走出了办公室，转过墙角，指着远处的一座小山。

“你说的那块地皮在哪儿？”

“就是那儿！整个山坡。”她说道，“这里不仅可以看很漂亮的雷尼尔山景，还可以看到普吉特湾和奥林匹克半岛的景色。”看着那个山坡，我的脑海里立刻浮现出道森帝国的景象。在接下来的一个小时里，我绕着那块地皮走了一圈，然后提出了一个报价，对方随即表示接受。

接着我们进入了盖房子的决策阶段。这是一个非常典型的多重决定，需要用决策树解决。决策树看起来有点像家谱。决策树和家谱不同的是决策树的每一层都带有一个小圆圈，圆圈里注明的是出现这种情况的概率。

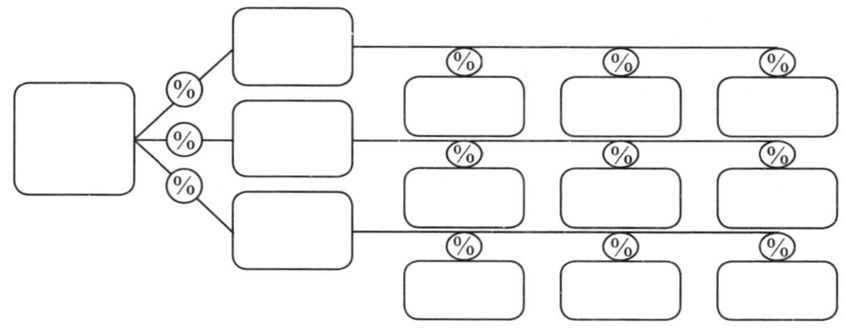

决策树　图 8-1

在盖房子之前，我们需要作出很多决定。每个决定都需要我在决策树上加上分支。在每一方面，我都必须考虑所有的选择方案，并计算出每一种方案可能出现的概率。然后决定是要继续推进，还是要停止计划，或者是否应当根据当前的进展修改自己的计划。所以在这个决策树中，我在最上面画了 3 个方框，每个方框代表一个备选方案。

- 马上盖房子。
- 不盖房子。
- 以后再盖。

如果决定“马上盖房子”，结果可能是 :

- 我破产了。

- 我爱上了一位不爱华盛顿州的人。
- 房子还没盖完，我就死了。
- 我爱上了这栋房子，并在这里幸福地生活。

如果“不盖房子”，结果可能有：

- 地皮升值了。
- 地皮贬值了。
- 地皮的价值并没有变化，可房地产税却让我喘不过气来。

如果“以后再盖”，这一决定所产生的变量可能包括：

- 利率上升。
- 利率下调。
- 贷不到款。
- 建筑成本上升。
- 建筑成本下降。
- 建造房屋的审批更加严格。
- 建造房屋的审批放松。
- 我想出了一种全新的房屋建筑风格。
- 我娶了一位有 12 个孩子的太太，我们需要一栋更大的房子。

把所有的可能都填到决策树上之后，我开始考虑这些情况出现的概率。你看到每个方框上面的圆圈了吗？在这个圆圈里填上出现方框中的情况的概率。要想做到这一点，你需要了解一些关于概率的知识，我将在下面的内容中谈到这一点。

首先，我必须先申请贷款，这样我就可以开始动工兴建房屋。这会在决策树上产生两个分支，一种是“批准”分支，我觉得出现这种情况的概率是 70%；一种是“拒绝”分支，出现这种情况的概率是 30%。然后“批准”分支又会衍生出几种可能的情况，需要我负担不同的费用。同样，“拒绝”分支又会衍生出不同的结果，比如我可以取消整个计划、重新申请贷款，或者自己支付所有的相关经费。

随后我必须找到水源，钻口水井，同时必须申请修建化粪池的许可证。每一项决定都会衍生出分支。我能否找到水源？我是否应该花很多的钱去探井？我能申请修建化粪池吗？或者我是否需要建一套成本更高的地面处理系统呢？除此之外，电线和电话线也是个大问题。我必须慢慢地一步解决一个问题，一点儿也不能着急。

与此同时，还有两件事情也会影响到我的决定。我得到购买旁边的另外 23 公顷土地的机会，于是我又在决策树上增加了一个分支。我应该报价多少？针对每种报价，对方接受的概率有多大？这块地皮上种了很多珍贵的树木，他希望我能多支付 15 万美元。如果我付给他 15 万美元，我的建房计划可能就要推迟很长时间。还有一种可能就是他把这块土地出售给其他人，而新邻居的房屋又可能会破坏了我欣赏山景的视野。

此时我开始使用我在第 6 章中谈到的 10 个创造性整合步骤，并进而想出了非常有创造性的答案。

步骤 1：对立面思维。我按照这种思路思考，但没有任何收获。

步骤 2：审查周围的环境。我也用这种思路思考了一阵，仍然没有收获。

步骤 3：想象自己已经找到了正确答案。这种思路帮我得到了一些有趣的想法，但这些想法好像都不太现实。比如，我想到自己可能会在这块土地上发现金矿或油井，或者突然有一位陌生人资助我完成整个项目，但这些都不太现实。

步骤 4：设想我所作的所有假设都是错误的。我假设卖方愿意以 15 万美元的价格把土地卖给我，这将是一笔非常划算的交易，因为仅仅那片树林就价值不菲。然后我反过来想，如果他不愿意卖土地怎么办？不，这根本不可能。如果他不想把树林卖给我怎么办？不，这也根本不可能，他不可能在卖掉土地的同时还保留那片树林。但这个步骤让我想到了一些非常有趣的方案。

步骤5：假设我根本不可能失败。这种思路给了我很大的勇气，但并没有带给我任何有创造性的构想。

步骤6：向榜样学习。但在购买土地这个问题上，我的偶像并不比我了解的多。

步骤7：从解决方案开始展开反向推理。我按这种方式反向思维。我最理想的是在山顶修建一座二层的别墅，四周围绕着美丽的绿色大草坪。放眼望去，野花像地毯一样铺展开来，远处是白雪盖顶的雷尼尔山。每天傍晚，我躺在温暖的浴缸里，遥望夕阳西沉到奥林匹克半岛的另一边，把远处的山巅染上了一层迷人的红晕。太棒了！我决定从这个结果开始反推。我问自己怎样才能达到这样的结果？如果用15万美元买来这块土地，我就盖不起房子了。要想拥有美丽的山景和绿色的大草坪，我应该推掉这些树。可这些树都是很值钱的。我不想要这些树，但这块土地现在的主人想要它们。突然之间，一个答案跳进我的脑中。我可以买下这块土地，但不要这些树。我可以出价3万美元买下这块土地，先付7 500美元的定金，然后以10%的利息分期付清余下的账款。而他有5年的时间来处理这些树木。太完美了！我不需要付太多的现金，他也可以继续观察木材市场，选择最恰当的时机出售这些树木。

我又在自己的决策树上加了一个分支，并分析了所有可能的结果——看起来都不错。于是我向对方提交了报价，对方接受了，我们很快成交。没过多久，有人打算购买这100公顷土地中的20公顷，于是我在决策树上又添加了一个分支。接受这笔交易并不能解决我任何问题，也不会给我带来任何机会，所以我拒绝了。

很快，又有人提出要购买 60 公顷土地，而且对方支付的价格比我当初购买 100 公顷土地的价格都要高。这个分支引起了我的兴趣，这笔交易所带来的现金流足以支付我购置土地的资金，不仅如此，我还可以用支付购地费用之后剩余的钱来支付建造新房的费用。这样我最后剩下了 40 公顷土地，并且我当初想要盖房子的地方，即这块土地的最高点，仍然保留了下来。

我刚决定答应这笔交易，但随后就感到后悔了，真希望能完整地保留这 100 公顷的土地。买 60 公顷土地的买家在自己的土地上找不到水源，也没有可以修建化粪池的地方。这时他完全可以放弃这笔交易，但我们还是决定一起使用创造性整合的 10 个技巧想出一个完美的双赢方案。他负责处理我们两家的电、水、电话问题，作为回报，我允许他在我的土地上挖口井，并修建化粪池。我们对这个决定进行了仔细的分析，一致认为这是一个完美的方案。通过这种方式，我们两家都得到了所有的配套设施。我免费得到了这一切，而他也大大节约了成本。

如果一定要一次作完所有的决定，我一定会头晕。而反过来，当我逐个面对这些决定时，一切都迎刃而解了。我卖掉了 60 公顷土地，并利用这笔资金付完了所有的贷款。我决定建一栋自己梦想中的二层维多利亚风格别墅，并很快跟一位建筑商谈定了价格。然后我成功地向银行申请了贷款，所有的配套设施也都已经齐备。

可就在这时，又出现了新的意外。经济突然陷入低谷，我不得不重新绘制全新的决策树。我的全职工作是演说家，每年大约要为企业和行业协会作100次演讲。经济形势一出现问题，我的演讲业务立刻受到影响。为了节约成本，许多大公司都取消了原定的会议，而行业协会也无法召集到足够的成员来参加会议。我还要继续我的建房计划吗？

针对新的情况，我很快绘制了新的决策树。我描绘得越细致，就越清楚地看到了答案。我应该等到经济形势好转了。我预测了经济形势下滑将对我的建房成本和银行利率产生怎样的影响。一旦经济形势开始好转，我立刻就可以跟建筑商谈定价格，跟银行谈妥贷款。

决策树可以分解你的决策群，这样你就可以更加高效地应对那些不确定的情况。在绘制决策树的过程中，你需要精确地预测每一种可能出现或者不出现的概率。这时你需要掌握一些概率的相关知识。

概率学

还记得决策树上的小圆圈吗？它们的作用是记录你每一种可能性发生的概率。决策树成功与否关键在于你判断每种情况发生的概率的准确性。所以要想发挥决策树的功能，你需要学习一些概率的知识。要想理解什么是概率，最好的例子就是赛马。如果一场比赛中只有两匹马参加，其中一匹马赢得比赛的赔率是 10：1，另外一匹马的赔率是 1∶10。也就是说，如果你在 A 马上压注 100 美元，在 B 马上压注 10 美元，你最终会不赚不亏。如果 A 马赢了，你就赢了 10 美元，赔了 10 美元。如果 B 马赢了，你赢了 100 美元，赔了 100 美元。如果赌注比例对你有利，你就可以在两匹马上都压注，最终不管哪匹马赢得比赛，你都可以赚到钱。

在当今这个高度金融化的社会，寻找这种不对称的过程称为套汇。在以前，通过货币套汇可以获取大量资本。通过买入一种外汇，然后将其兑换成另外一种外汇，有时要经过几次兑换，交易商就可以做到稳赚不赔。在今天的计算机世界，出现这种情况的概率越来越低了，但一旦出现这样的机会，交易商们就会立刻抓住机会，在几秒钟之内就作出决定。

在批发领域，这种行为称为串货，那些专业从事这种交易的公司被称为“分流器”。如果制造商为了促销而在某一地区降价销售产品，“分流器”就会立刻抓住机会，促销价买进该产品并转移到其他地区的市场，这自然会影响到制造商在其他地区的销售。但在这个过程中，产品本身并没有移动，所有的一切都是通过电子商务的方式完成的。

在绘制决策树之前，不妨把确定会发生的事情的概率定为 100%，肯定不会发生的事情的概率定为 0。如果概率是 50%，就意味着机会均等，如果概率是 67%，则意味着你有 2∶1 的机会，以此类推。千万不要去考虑那些概率不到 5% 的事情，比如，在我修建房屋的决策树上，“娶一位带有 12 个孩子的女士”的可能性只有 5%，而不可能实现的概率是 95%。建筑法规变得更加严格的概率大概是 70%，规章变得宽松的概率可能不到 30%。

一定要考虑到所有的可能性。比如，利率并不是一个二元化的事物。它可能会上升、下降，也可能保持不变。由于总概率数一定是 100%，所以我判断利率上升的概率为 70%，利率下降的概率为 10%，保持不变的概率为 20%。

你还可以把概率学应用到自己的工作中。你可以用它来判断你的员工对某件事情的预期。很多经理人都会遇到这样的问题：他们的员工总是无法准确地预测自己的业绩，有时候过于保守，有时候则显得过于乐观。其实，只要用一个简单的办法就可以解决这个问题：

把个人业绩当成一次赌博，问对方会如何压注。

一旦你要求某个人拿出钱来压注，他立刻就会变得谨慎起来。比如，你问公司的销售人员：“你觉得这个月你的销售额能达到多少？”

她回答道：“两万美元。”

你接着问：“如果让你压注的话，高于两万美元和低于两万美元，你会压在哪一边？”

她告诉你：“低于两万美元。”

你接着问道：“你觉得自己比较有把握的销售额是多少呢？”

“哦，我敢肯定一定会超过 1.5 万美元。”

“你觉得能超过 1.65 万美元吗？”

最后她说道：“这个不太好选，我觉得都有可能。”就这样，通过这种方式，你很快就可以断定，这位销售人员当月的营业额大概是 1.65 万美元。不妨试试看，这种方法的精确性会让你大吃一惊。

使用故障树预测未来

下面我们来看看故障树，一种跟决策树截然相反的决策方式。在绘制故障树时，首先列出某个决定可能会导致的最糟糕的结果，然后反回来分析为什么会出现这样的结果。

就在距离我家几英里的地方，有一个非常成功的比萨店老板。这家店刚开始时只是路边一家卖外卖的街头小店，后来老板在小店里加了几张凳子，并将外面扩展成了一家漂亮的路边咖啡店。他的经营成本很低，而销售额不断增高，没过几年，他就变得非常成功了。后来他想把事业做大，在几英里之外的地方开一家意大利餐厅——对他来说，这是一个重大的决定。

下面我们用故障树分析哪些原因可能会让他走向失败。首先，我们在故障树上列出任何一家公司走向失败的最主要原因——没有足够的利润。然后把这个失误分解成两个子框：没有足够的销售额和经营成本太高。接着我们列出每种情况发生的主要原因。在“没有足够的销售额”一栏，列出的原因有：

- 地理位置不佳。
- 食物不好。
- 员工素质不高。
- 成本过于昂贵。
- 竞争太激烈。
- 用餐环境不好。
- 地方太小。
- 食客的口味在不断变化，等等。

在“经营成本太高”一栏，列出的原因有：

- 原料成本高。
- 浪费太严重。
- 偷窃现象严重。
- 营业时间太长。
- 贷款成本太高。
- 餐厅设计太差。
- 加班时间太长，等等。

然后你针对每一个现象列出更细的原因，比如，销售额之所以太低，是因为食物质量太差。这时你可以把原因归结为以下几点：

- 没有请到合适的大厨。
- 没有找到足够的供应商。
- 食物储存设施差。
- 上菜时间太长，等等。

针对每一个原因，你又可以进一步细化。

就这样，你开动大脑找出所有可能出错的地方，而要做到这点并不容易。这就像是在开始印刷之前反复校对一本厚厚的宣传册一样，除非你用 10 倍的细心去检查，否则肯定会有遗漏。

在列出所有可能出错的问题之后，你开始逐个想出解决的办法。对于大多数问题，你都能找到解决方案，但有些问题可能是你无法解决的，它们会给你带来一些让你无法承受的风险，甚至让你被迫放弃整个计划。

这听起来好像打消了你的积极性，但请相信，这是一个非常聪明的商业策略。一个有效的故障树完全可以帮助决策者们避免印度博帕尔的联碳灾难（1984 年印度博帕尔的联碳公司氰化物泄漏事故，该事故导致 2.2 万人死亡。——译者注），或者像阿拉斯加石油泄漏之类的事故。

它甚至能避免 20 世纪 80 年代美国的许多规模化企业的破产现象。

宇航员埃德加·米切尔（前 NASA 宇航员，曾乘坐阿波罗 14 号登上月球。——译者注）曾经这样谈过故障树的重要性：“我们 10% 的训练时间是在研究如何在月球上行走，还有 90% 的时间都是在思考如何应对所有可能的意外。”

顺便说一下，那家新开的意大利餐厅经营状况良好——虽然它在第一个星期里出现了几次设备故障，这位老板最初经营的那家餐厅也遭遇了第一次亏损，而且附近也出现了几家竞争对手，但总体来说，他的新餐厅经营状况还是很好的。

现在我们已经讨论了在面对多种选择方案时的另外 3 种决策方式。这些将添加到线面的决策表中。

决策树和故障树都包含了决策过程中的一个基础因素，那就是“把大问题细分成小的部分”。当你突然面对一个重大的决策时，你会感觉到手足无措，这时你可能会产生两种反应：一是高估困难——“这个太难了，我连想都不敢想”；二是低估困难——“这肯定是一个大项目，直觉告诉我应该把握机会。我可以处理任何可能出现的问题”。

故障树可以帮助你把大的决策分解成多个可以操控的小问题，这样你就可以更好地预测可能出现的问题，并一一解决。

在第 7 章中，我们讨论了在决策过程中依靠直觉作决策的优势。而如今很多人都喜欢完全依靠逻辑作决策，但正像我们前面看到的那样，单单依靠逻辑是行不通的。所以真正的自信决策者往往懂得什么时候该用直觉，什么时候该依靠逻辑。当你需要作出诸如二选一、多选一，或者面对包含多个未知因素的决定时，不妨尝试一下掷硬币、加权选择法、反应表和故障树之类的方法。你可以把这些当成自信决策的起点，但当你需要作出最终选择时，就必须要学会将你的逻辑思维和直觉思维结合起来，只有这样，才能找到最好的解决方案。

决策分析表 3

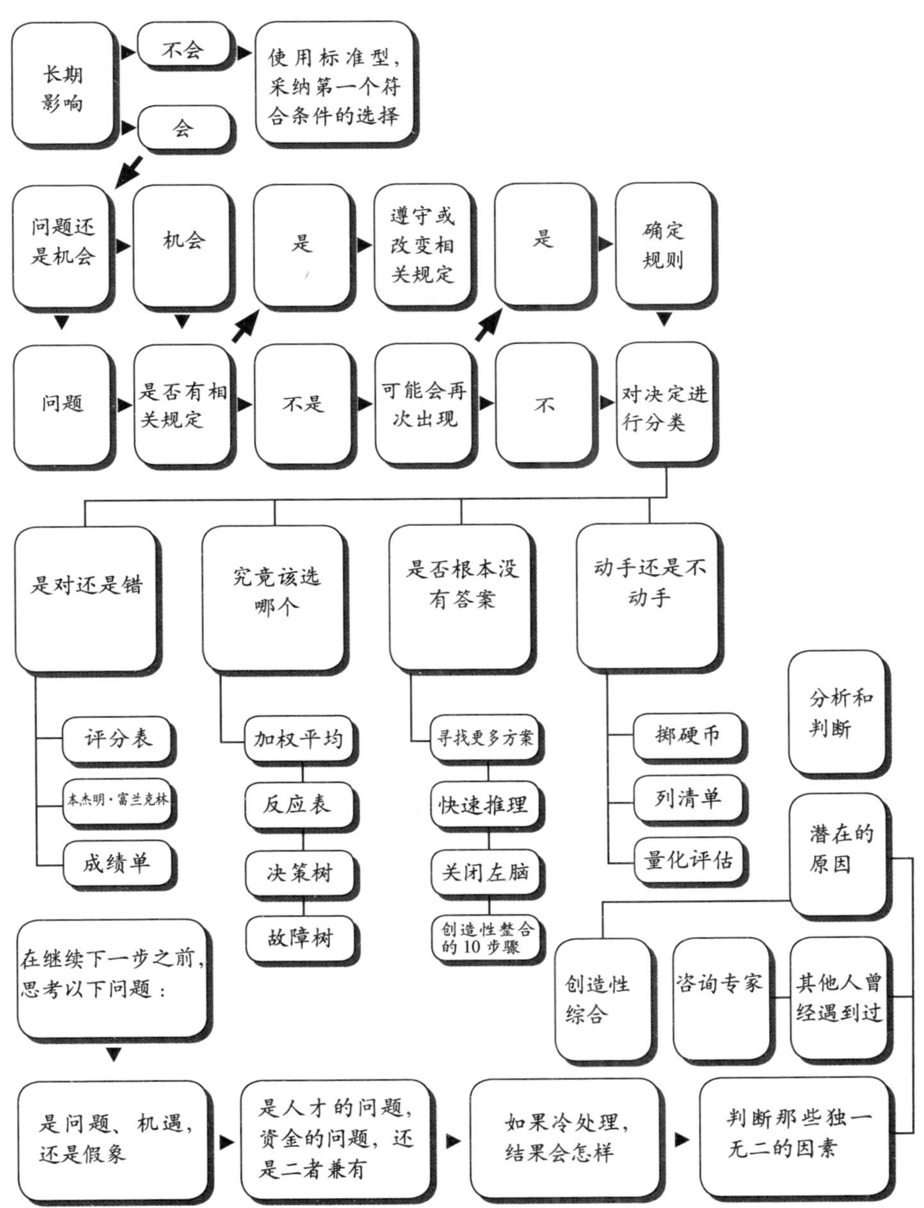

CHAPTER 9

第 9 章
启动集体智慧

正确的决策来自众人的智慧。

——T. 戴伊（美国社会学家）

你注意过那些一大早聚集在商务酒店早餐厅里，眼神迷茫的主管们吗？这些人往往前一天晚上为了一个商业决策而整夜失眠，所以只能拼命地用黑咖啡刺激自己的大脑。

“我究竟应该自己作决定，还是要让更多人参与进来呢”，他会绞尽脑汁地问自己，“如果我自己拍板决定，结果将会怎样呢？说不定这正是我事业的转折点，就像莎士比亚说的那样，‘把握涨潮，则万事无阻’。如果我的决定是正确的，我会成为大家心目中的英雄，一位大胆的革新者，成为行业的旗帜性人物。”

“可如果我失败了呢？我可能就会陷入大麻烦，成为人们耻笑的对象。在以后的几十年里，美国所有大学的教科书里都会议论我的蠢行，分析我的失败，每个人都会把我当成反面教材。”

“或者还有更糟糕的情况。我应该是对的，但公司里的所有人都联合起来反对我，因为我在作决定时没有征求他们的意见。对于我分派的任务，他们都只是口头敷衍，我的计划最终将会走向失败。该怎么办？我到底是该征求大家的意见呢，还是自己拿主意？”

讨论会是一种群体决策的方式。任何一个决定，只要涉及一群人，就会变得令人畏惧。有时候征集群体智慧是一种非常聪明的做法，但有些决定最好还是自己把握。那么我们究竟如何判断什么时候该征求大家的意见呢？讨论会有哪些优势？怎样召开讨论会？在什么情况下讨论反而会带来更多的问题呢？在本章中，我们将重点讨论这些问题。

讨论会对群体决策至关重要

遇到以下 5 种情况时，我建议你召开讨论会。

当你觉得讨论会能激发出更多备选方案时

有时候，虽然你已经想尽一切办法搜集了所有信息，但你仍然觉得自己掌握的信息不充分，这时候讨论会就可以帮助你跨过这一障碍。因为跟其他人沟通可以给你带来很多灵感，帮助你扩大视野，产生更多富有创造性的想法。当你无法推动事情发展时，讨论会可以帮助你走出困境。

当你需要外部专家的专业支持时

当你需要一些其他领域的专业人士，比如，公司的外部董事、物流专家、国际法专家，或者曾经成功地处理过阿根廷罢工事件的专家，等等。平常你的公司里可能根本没有这些领域的专业人士，所以一定要善于利用跟他们交流的机会。

当你想让该决定更符合道德标准时

你是否想过为什么很多医院的最高决策机构都是医务委员会而不会只设一个最高管理者？这是因为从理论上来说，委员会能让人们更诚实。一两个人大权独握时，他们很可能会出现违规行为，但一个大的群体却能始终保持较高的道德标准。

政府部门之所以需要设立各种各样的分支机构，原因也在于此——虽然我们经常觉得政府的很多决定都未必符合道德标准。讨论会有时候会作出一些明显错误的决定，这是因为很多人都太容易受到其他人意见的左右。虽然一群人通常要比一个人更容易遵守道德准则，但有时也会出现“讨论会陷阱”——也就是少数人主导多数人的情形。

讨论会陷阱最经典的例子得数猪湾事件：1961 年，美国中央情报局支持 1 400 名古巴革命人士经猪湾回到古巴发动革命，结果遭到狙击，

114 人当场被击毙。显然，一些掌权者很清楚利用美国的军事力量支持古巴发动政变是错误的，但他们并不愿意反对群体的决定。亚瑟·施莱辛格，肯尼迪总统的特别助理，美国杰出公共知识分子的代表人物后来写道，他曾在一次会议中公开表示入侵古巴是不道德的，但罗伯特·肯尼迪把他拉到一边，偷偷告诉他："你说的可能是对的，也可能是错的，但不管怎么说，不要再坚持己见了。"这就是讨论会陷阱。这种群体压力可能会让人们作出一些自己本打算拒绝的、不符合道德准则的决定。

当你需要群体支持自己时

通常来说，当人们参与决定时，他们就会更加积极地支持自己作出的决定。但在召开讨论会时，有时你可能会不自觉地操纵了大家的意见。二十几岁时，事业刚刚起步的我是一个独断的决策者。我知道我的公司应该怎样运作，而且我觉得根本没有必要跟别人商量，那纯粹是在浪费时间。我当时的上司唐·莱恩沃特聪明得多。他告诉我："如果想要得到整个组织的支持，就一定要让大家来作决定。"

可当时我还很年轻，感觉自己能够解决一切，根本不需要别人的帮助。于是我列出了 6 件希望大家赞成的事情，复印了很多份，给每个人发了一份，同时要求大家保密。然后我就提出的问题组织了一场讨论。由于我组织讨论的技巧非常"高明"，所以最终所有人都达成了共识。我洋洋得意地拿出早就准备好的文件，一边给大家过目，一边说道："我早就猜到大家会同意这些决定的。"几乎所有人都对我的幽默报以善意的微笑，只有唐给我打来电话，给我上了终生难忘的一课——在组织群体讨论的时候，你可以试图说服大家接受你的建议，但千万不要操纵会议，一定要学会认真倾听别人的意见。

当你担心可能有人会反对你的决定时

当你担心有人会反对你的提议时，我建议你召开讨论会。这听起来似乎自相矛盾，但其实并非如此。如果你担心他人会拒绝你的提议，那么说明你的直觉告诉你，提议可能是有问题的。当你对一件事情很热衷时，你很容易对它的缺陷视若无睹。

比如，你计划用一种新的高科技除蝇产品横扫奥地利市场。该产品使用电池作动力，可以反复充电，能有效杀死 100 英尺范围内的苍蝇。你觉得自己可以取得该产品的独家代理权，而且可以以全球最低的成本在曼谷大规模生产。奥地利到处都是苍蝇，你相信自己的这一计划根本不可能失败。但你仍然担心这个提议一旦提交到董事会，就会陷入没完没了的讨论之中，最终不了了之。

但是，你到底在和谁开玩笑呢？如果连本公司的董事都说服不了，你还有什么办法能让公司其他的 2 000 多人相信你的计划是可行的呢？你还怎么说服奥地利 1 600 万人接受你的产品呢？如果你因为担心可能会被否定而不敢把这项提议提交给董事会讨论，那恰恰说明你觉得自己的计划有问题。

讨论会的作用

当你无法判断是应该召开讨论会还是独立作决定时，不妨考虑讨论会的以下作用。

讨论会通常比个人决定的效果更好，因为参与者可以纠正其他人的错误。试着思考这个问题：一个人在一家商店买了一块 65 美元的手表。手表的成本是 30 美元。客户付给商家一张 100 美元的现金支票，商家找还客户 35 美元。结果支票被偷了，请问商家一共损失了多少钱？

很多人在思考这个问题的时候都容易出错，但几个人齐心协力就更容易找到正确答案，因为这时候每个人都可以更加客观地指出别人的错误。

如果你还在思考这个问题，不如我直接告诉你答案吧。商家一共损失了 65 美元——其中 30 美元是成本，35 美元是商家找给客户的钱。

讨论会可以迫使人们对问题采取切实的行动。组织中的每个人手头上都有一堆事情需要处理。除非圣保罗新的电脑组装工厂会直接影响到自己的利益，否则他们根本不会真正关心这件事情。但如果你宣布下个星期将召开一场讨论会，讨论是否要在圣保罗上一条新的电脑生产线，每个人都会感觉这件事情与自己的切身利益相关，他们会马上搜集相关信息并进行头脑风暴，这样在开会的时候他们就可以提出更加聪明的建议。所以，讨论会能够迫使人们积极参与到一个他们本可能会忽略的项目中去。

讨论会可以增强组织内的信任度。当人们感觉自己可以参与组织的很多决策时，就会更加信任自己的组织。其工作满意度会随之上升，整个组织的士气和工作积极性都将大大提高。

讨论会可以帮助你排除不准确的信息，因此决策所参照的信息质量会大大提高。比如，有人可能建议在阿拉巴马的莫比尔建一座分销仓库。如果提出该建议的人是独自一人作决策的话，他可能很快就会动手。可一旦他把这一计划提交到讨论会上讨论，那些比较熟悉莫比尔地区的人可能就会说：“慢着，你了解那里的工会情况吗？据我所知，莫比尔的工会是世界上最难对付的组织之一。除非了解了实际情况，否则千万不要盲目启动这个项目。”所以，讨论会可以让大家更仔细地分析你所提供的信息，甚至可以给你提供一些新信息。

参与讨论会的人越多，你所搜集到的参考信息就越多。这一点显而易见，但它却并不一定是件好事。有时候信息太多，你反而会不知所措。作为一名领导者，你必须表现出足够的决断力，“好了，关于这个项目，我们了解的情况已经够多了，下面让我们来作决定吧。”

讨论会上交流的信息往往会更加全面，结论也更加清晰。一对一交流时，对方很可能会告诉你大量毫无意义的信息。可当必须在讨论会上跟大家分享自己的看法时，他们就会事先作更多的研究，在得出结论的时候也会更加谨慎。

运用“形形色色”的讨论会

相信你一定参加过管理委员会、执行委员会，或者是董事会等召开的讨论会。但除此之外，还有几种你可能并不知道的讨论会形式。这些形式的讨论会需要投入更多的精力，但当你面临一个相对复杂的决策时，相信这些方法一定会给你带来很大的帮助。

单人讨论会

第一种叫做单人讨论会。听起来有些让人困惑吧？但它却是一种非常有效的决策方式。

首先，抽出 15 分钟时间，写下你能想到的所有备选方案。在作这件事情时，不妨把自己想象成一位技艺高超的摄影师，你拼命摁动快门，拍下了数百张照片，以便从中选出最适合的一张。阈值理论告诉我们：拥有的选择越多，你最终的决策质量就会越高。写完所有备选方案之后，先把它放到一边，等到下午或者第二天早晨再看。在这段时间里，你的潜意识会自动启动，开始寻找最完美的解决方案。

接下来把这张清单分为清单 A 和清单 B，划分时并不需要特别仔细。你可以把所有可能行得通的方案列到清单 A 上，把所有你确信行不通的方案列到清单 B 上。然后按照 1~10 给清单 A 上的方案打分。找出最有效的 3 个方案，将其与清单 A 上的其他方案配对。然后按照同样的方式从清单 B 上找出 3 个方案，将其与清单 B 上的其他方案配对。就这样，通过开放所有的可能性和组合性，你会发现这种随机的组合会帮你找到很多新的解决方案。

类比讨论会

类比讨论会是一种非常神奇的决策方式，它并不能激发很多新的构想，但却可以帮助你从全新的角度看待一个问题。类比决策法的步骤相对复杂一些，但前 3 个步骤和所有的决策过程是一样的。

第一，在讨论会上清晰地阐述你的问题。正像我在前面第 2、3 章中谈到的，你可以用归类和规划蓝图的方式让自己所面临的问题变得更清晰。

第二，跟大家分享你所搜集到的所有信息。这可以帮助大家发现很多潜在的问题。

第三，一定要确保每一个与会人员都清楚地了解大家所讨论的问题。你可以请每一个人用自己的话重新描述当前所讨论的问题。这点非常重要，因为在公司环境中，人们很难主动承认自己并不了解一件事情。很多人只是坐在那儿，简单了解一下当前的问题，然后希望所有的事情都可以自行得到解决。要想确保所有人都清楚眼前的问题，你可以告诉大家："现在我希望大家用自己的话重复一遍我们要讨论的问题。你为什么觉得我们应该在圣保罗建一个计算机组装工厂？我希望每个人都能给出一个新的理由。千万不要重复别人已经说过的。"

第一个人可能会说："因为那里的制造成本更低。"

第二个人可能会说："我想最主要的原因是巴西政府会给予我们很多支持。"

第三个人可能会说："我觉得它可以帮助我们更好地进入南美市场。"

通过这种方式，每个人都会更清楚眼前的问题。

最后一个步骤是进行类比，它可以让大家更好地了解一件事情。"像看着草儿生长一样地令人兴奋"就是一种类比。当塔卢拉·班克黑德描述自己"像白雪一样纯洁"时，她其实也是在作类比。类比之所以能够帮助人们更好地解决问题，是因为它可以让思维更跳跃。

一般来说，类比主要有 4 种方式：

- 直接类比
- 个人类比
- 梦幻类比
- 象征类比

比如，一家汽车公司的几位主管正在讨论一款新车型。讨论之前，大家定好规则，要求每个人都要用类比的方式来表达自己的看法。其中一个参与者可能会用直接类比开始话题 ：“这款新车的线条应该像百利的爱尔兰奶油一样光滑。”另一个人用个人类比回答 ：“我希望它能像我第一次滑雪橇一样令人兴奋。”然后又有人可能会来一句梦幻类比 ：“它应该像灰姑娘的玻璃鞋一样闪闪发光。”最后有人可能会用上象征类比 ：“它提速的时候应该像爆炸一样。”

类比之所以是一种有效的问题解决方法，是因为它可以让你的思维变得跳跃。托马斯·爱迪生曾经告诉自己的朋友 ：“我在试验一种有趣的东西，它对人的眼睛所产生的作用就像留声机对耳朵的作用一样。”这个类比给了他巨大启发，帮助他最终发明了电影放映机。

大多数受梦启发的发明其实都是类比的产物。德国化学家凯库勒就是在梦里发现了苯环（一种 6 个碳原子构成的环状结构）。据说，有一天他在梦里突然看到自己一直在研究的原子变成了一条条的蛇。突然，其中一条蛇咬住了自己的尾巴。他猛然醒来，感觉自己多日研究的问题终于找到了答案——诸如苯这样的有机物质内部的原子是呈封闭环状的。

艾利司·哈维不知道自己研究的缝纫机究竟出了什么问题。当时他把针眼设计在了针的中间部分。突然有一天，他梦见一群野蛮人手里拿着标枪在打猎，并清楚地看到标枪的一端有一个小孔。醒来之后，这个梦仍然在他心中挥之不去，但这帮助他最终发明了缝纫机。

类比讨论会能激发灵感

在召开讨论会时，要求小组中的每一个人想出一个跟当前问题相关的类比，看看结果会怎样。下面我将举例说明每一种类比的用法，但在实际应用过程中，大家不一定要用尽所有的类比方式。

比如，公司在考虑是否要在巴西新设一条计算机组装生产线。有人可能会说 ：“这条生产线应该像石油在油管里流淌那样顺畅。”

又有人可能开玩笑说 ：“这个类比要比用埃克森·瓦尔迪兹号运送原

油的想法好很多。”（1989 年 3 月 24 日午夜，埃克森·瓦尔迪兹油轮撞上阿拉斯加威廉王子湾大礁石事故，该事故导致溢出超过 1 100 万加仑原油。——译者注）这句话会引发很多新的话题，比如，一旦南美国家发生了内战，石油管道是否会受到影响，或者是否存在任何潜在的运输问题。“管道”这个词甚至会让人想到政变，或者是工厂的安全问题。

然后有人可能会提出个人类比：“那里的失业率很高，所以对于巴西人来说，去上班就像去迪斯尼乐园一样令人兴奋。”

另一个人回应道：“这个想法非常有趣，因为我们其实是在向这个国家输送一种新技术。这就像在欧洲或东京建造一座迪斯尼乐园一样，当地人会发现很多非常陌生的文化现象。”

又有人说：“我认识一位咨询顾问，她曾参与过欧洲迪斯尼乐园的修建项目，我可以跟她通个电话，看看她有什么好的建议。”

接下来可能会有人提出一个幻想类比：“对于当地的工人来说，我们的工厂很奇怪。他们会感觉我们的工厂就像《星球大战》里面的实验室。”

还有人会说：“只要我们能够让他们像 R2-D2 那样工作，一切就都完美了。”这可能又会引发一场关于程序系统和员工培训问题的讨论。

最后，有人可能会用一个象征类比作总结，“这会让我们的利润再次攀顶”。所有人突然开始想到了工厂屋顶，有人会说：“是否要在工厂屋顶上建一个直升机起落台呢？我们公司在里约有一架直升机。”就这样，大家讨论的热情再次上升。

类比分析表 9–1

直接类比	个人类比	梦幻类比	象征类比

对于当前所面临的问题，你会想到哪些类比呢？不妨用下面的表格梳理自己的想法。

类比讨论会通常规模很小，参与者们也更有资格提出更有创意的解决方案。类比讨论会的价值在于它会让本来熟悉的事情变得陌生。通过这种类比方式，你能学会用一种不同的方式来看待自己所遇到的问题。当然，千万不要把所有的事情都用类比来解决，就像西格蒙德·弗洛伊德所说的那样，“有时候一支雪茄就是一支雪茄而已”。

网络讨论会

第三种讨论会称为网络讨论会。这种方法可以让你从参与者那里征集尽可能多的信息，帮助你对各种建议进行客观的评估，修改前面陈述的观点，而且可以让所有的参与者以匿名的方式参与讨论。

网络讨论会的参与者们可能永远都不会聚到一起，它只是通过计算机对大家进行问卷调查。一般来说，这种讨论会主要包括 5 个阶段：

第一个阶段是**搜集阶段**（exploration）。在这一阶段，你要求所有的参与者给你反馈信息。比如，你在经营一家全国性的快餐连锁店，不久前，你的公司在墨西哥南部的阿卡普尔科召开了一次会议，会上有人建议在公司的产品线中添加多纳圈。似乎很多人都支持这个创意，所以你希望能够征集更多的建议。在搜集阶段，你可以向所有你的朋友发出一份问卷，“在阿卡普尔科会议上，有人提出要在公司产品上增加多纳圈。不知你怎么看这个问题？请给出 3 个反对的理由和 3 个支持的理由”。

第二阶段是**剖析阶段**（interpretation）。你邀请公司总部的数据处理专家剖析大家对这一问题的看法——他们赞成什么、反对什么。在这一阶段，你可能会发现绝大部分人都支持增加多纳圈，所以你很想立刻采纳这个建议。也可能你会发现所有人都非常反对这个建议，于是你决定立刻放弃这个想法。但如果你发现两种思路势均力敌时，不妨进入下一阶段，也就是所谓的**中和阶段**（reconciliation）。

第三阶段即**“中和”阶段**，公司总部的团队首先会剔除那些比较极端的意见——比如，他们会剔除 10% 的疯狂支持意见和 10% 的强烈反对意见。然后从那些比较温和的支持意见中找到共识点。比如，你可以再给大家发封邮件 :“如果我们只在早晨提供多纳圈，你觉得怎样？”或者“如果我们的多纳圈只供外卖，你觉得怎样？”这时你所搜集上来的回馈就可以说明大家当初为什么会有分歧了。

第四阶段是**评估阶段**（evaluation）。在这一阶段，你首先分析所有的信息，然后列出所有可供管理层选择的方案。总部的团队可能会向你提交报告 :“很少有人同意全天供应多纳圈，大家感觉这样会影响到我们午餐和晚餐的营业额。但 82% 的经理都希望能在早晨提供多纳圈。至于我们的多纳圈是否只提供外卖，大家并没有达成强烈共识。57% 的人认为应该只向汽车餐厅窗口的客人提供多纳圈。还有 43% 的人认为，如果在餐厅里也提供多纳圈，一定能提高餐厅的营业额。”

最后一个阶段是**总结阶段**（summarization）。此时你用总结表格的形式把搜集到的信息反馈给参与者。这样可以让他们了解管理层是如何达成最后的决定的，而且还可以帮你争取到那些反对者或者持不同观点者的支持。

整个过程听起来似乎有些烦琐，但网络讨论会的确有很多优势 :

- 它可以让大家更加积极地参与到决策过程中，这点是面对面的讨论会所做不到的。
- 它要比召开面对面的讨论会更节约成本。
- 它可以解决那些比较严重的分歧，因为在参与这种讨论会时，所有人都是匿名的。
- 它可以有效避免强势的个人主导讨论的情况。

跟其他形式的讨论会一样，这种讨论会形式也比较适合解决一些相对复杂的问题。

头脑风暴

相信很多人都参加过头脑风暴，这恐怕是一种最为流行的讨论会形式了。但你可能并不知道头脑风暴的来源。亚历克斯·奥斯本是 BBDO 广告公司的合伙人，他也是“挑战左脑思维”活动的创始人。他发明头脑风暴是为了在自己的公司里激发更多创意，但这一做法很快传到了其他公司。1953 年，他出版了一本里程碑式的著作《应用想象力》。1964 年，他在纽约水牛城成立创意教育基金会，直到今天，该基金会还在依靠这本书的版税运作。奥斯本 1966 年去世，虽然当时他并没有在“挑战左脑”的运动中获胜，但他很欣慰地看到自己的思想已经影响了数百万人。

通常来说，头脑风暴的最佳参与人数是 12 人。虽然参加头脑风暴的人数可以 4 ～ 200 人不等。在进行头脑风暴的时候，有 4 条规则需要谨记。

1. 不要带有任何判断、评估或者是批评的语气，也不要流露任何正面的赞许。因为你的态度会影响其他参与者的态度，一旦你对某个建议作出正面鼓励，其他人就会相应地调整自己的发言；或者如果你对某个人的发言保持沉默，对方就会将其理解为是一种批评。还要建议发言者不要用类似于“这可能行不通……”之类的开头语。

2. 不要批评任何一条建议“太狂野”或“太荒谬”。

3. 重点在于建议的数量，而不是质量。头脑风暴的目的是在尽可能短的时间里激发出尽可能多的创意，成功的头脑风暴会让大家都兴奋起来。正像我前面说过的那样，当一个人高度兴奋时，他的左脑就会关闭，右脑发挥主导作用。一般来说，这时人们就会变得更有创造性。

4. 鼓励参与者们把自己的创意跟别人的创意结合起来，或者改进别人的创意。参与头脑风暴的每个人都可以去改进别人的创意，当然，千万不可批评别人的创意。也可以把别人的创意进行综合。比如，在麦片公司的会议上，有一个人说："乔建议推出更小的包装，安娜建议大包装，既然这样，我们为什么不推出一种全新的包装，把小包装装进一个大袋子里呢？我们可以推出一种12袋小包装的大礼包。"

因为头脑风暴的过程非常有趣，所以整个会议可能会持续很长时间，很难停下来。一般来说，结束头脑风暴的方法有以下几种。第一种方式是预先设定时间。比如大家事先规定用30分钟时间进行头脑风暴。虽然这种说法听起来似乎有些理性，但它却可以大大提高头脑风暴的效率。另外一种方式是观察参与者的热情。当所有人的热情开始减退时，就说明会议该结束了。同样，当参加者提出创意的时间间隔越来越长时，说明大家的能量正在开始减弱，这时会议也应该结束了。最后一种方式是你可以事先规定收集的创意数量。一旦大家提出的创意数量达到你的要求，会议便可以立即停止。我个人更倾向于这种方式，因为它通常更有利于帮助我们达到头脑风暴的目标。

头脑风暴的另外一个问题在于，你会因为头脑风暴太有意思而喜欢上这个过程，开始通过这种方式来决定所有的事情。但和其他形式的讨论会一样，头脑风暴是一个解决问题的过程，而不是作出具体的决定的过程。它的作用只是帮你激荡出更多的备选方案，以备随后的筛选，或者是交由一些没有参加讨论会的人进行评估。

在面对一个问题时，如果已经知道了所有的备选方案，就不再适合用头脑风暴来处理问题了——因为它太浪费时间。设想一下，如果12个人进行了1个小时的头脑风暴，总共就浪费了12个小时的工作时间。而且你仍然只是得到了一系列可供选择的方案，却并没有作出任何决定。相比之下，两三位专业人士可能更容易作出更好的决定，而且所用的时间也会更短。所以千万不要因为头脑风暴而放弃系统的推理思考过程，也不要指望它能帮你为复杂的难题找到完美的解决方案。

如何确定讨论会的规模

确定了讨论会的形式之后，接下来要解决的问题就是：究竟该邀请多少人参加？讨论会的规模该有多大？规模较大的讨论会可以帮助你搜集到更多信息，这样你就会有更多的选择。除此之外，当参加人数较多时，彼此之间也更容易激发出富有创意的方案，这样也可以提高备选方案的质量。

另一方面，当参与者数量较多时，你往往会感觉到大家很难达成共识。而且随着参与者人数的增多，每个人的参与热情也会大大下降。研究表明，当参与者超过 8 人时，讨论会的作用就会大大降低。

那么讨论会的最佳规模是多大呢？通常来说，讨论会的规模取决于你所作的决定的类型。小型的讨论会比较适合解决相对具体的问题，而大型的讨论会则更有利于解决相对抽象的问题。参与者较多的时候，问题比较容易得到解决，但很难作出具体的决定。在很多情况下，委员会这种组织形式可以激发很多非常有趣的创意，但最终却无法作出任何实质性的决定。所以我建议不妨邀请尽可能多的人来讨论问题，然后指定一个规模较小的小组来作最终的决定。

显然，从投入的资源来看，大型的讨论会耗费的资源会更多，而且掌控的难度也更大。有时候要想召开一个大型讨论会，你需要首先经过很多审批程序。但如果所有参与者都能倾力投入，积极地参与进来，相信这些努力都是物有所值的。

国会就是一个很好的例子。它通常会在参议院建立一个 5 人小组负责具体的决策，同时设立一个 14 人小组来负责讨论和研究问题。14 人小组的主要职责是提出解决方案，然后 5 人小组将其进一步细化，并负责监督最终的实施。

当讨论会的参与者拥有类似背景时，效果往往会大大增加。如果你把实习生跟公司副总裁召集在一起，效果恐怕就要大打折扣了。实习生满脑子想的都是怎么给副总裁留下好印象，而副总裁在员工们面前也会变得保守。

讨论会的弊端

说完讨论会的诸多优势之后，你可能会感到疑惑：既然如此，为什么还有那么多主管在酒店的咖啡厅里痛苦不已，却迟迟不愿召开讨论会呢？实际情况是，讨论会并不一定就是最好的决策方式。

因为，讨论会很浪费时间。一般来说，一位主管平均每天要参加 8 场会议，中层经理们每天有 80% 的时间用来参加各种各样的会议。所以毫不奇怪，人们都不喜欢开会，甚至鄙视开会。

而且千万不要以为讨论会一定比独立思考更有效。一般来说，讨论会比独立思考更能找到好的解决方案，但并不总是如此。通过讨论会所找到的解决方案往往会受到参与者平均水平的影响。而且会议也很可能因为群体压力而变成一场“讨论会陷阱”。当大家都告诉你某件事情时，我们就很容易相信这件事情，哪怕我们明知道这不是真的。

还记得著名的阿希试验吗？研究员所罗门·阿希设计了一张图表，上面画有 4 条横线。其中最上面的是一条测试线，下面还并列画有 3 条线。A 线要比测试线略长。B 线跟测试线长度相同，C 线要比测试线短很多。他要求测试对象判断哪根线条跟测试线长度相同。

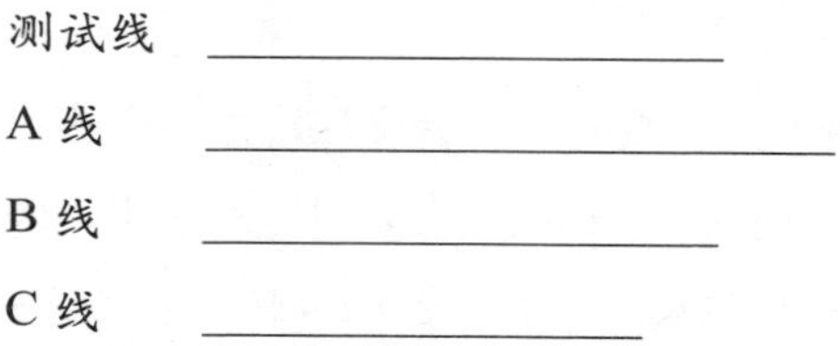

测试线 ______________________

A 线 __________________________

B 线 ______________________

C 线 __________________

毫无疑问，超过 99% 的人都选择了 B 线。然后他又安排了一群新的测试对象，在看到这 4 根线条时，他反复告诫坐在最前面的人选择 A 线。结果虽然 A 线明显要比测试线更长，但阿希还是发现，当某个人的身边有 3 个人选择 A 线时，这个人就有 33% 的可能会选择 A 线。当他告诉所有人，那些选对线条的人将会得到一份奖品时，居然有超过 47% 的人选择 A 线。虽然这个答案很明显是错误的。阿希试验是讨论会陷阱的一个典型案例。

经典案例

1985 年，可口可乐公司决定放弃那份已经为公司带来几十亿美元利润的传统配方。公司的研究人员找来了 20 万名参与者，投入了 3 年时间对新的可乐配方进行测试。在这项研究上，公司总共投入了 4 亿美元，这成了可口可乐公司历史上耗时最多、最为昂贵的研究项目。但尽管如此，这项研究还是出现了 3 个非常明显的错误。更为要命的是，由于公司管理层亲自批准了这项试验，虽然它有很明显的致命缺陷，在整个研究过程中却居然没有一个人提出任何反对意见！

是哪 3 个错误呢？第一，可口可乐公司没有在测试对象的家里放置大量的可乐，来测试试用对象对新式可乐的热情是否持久。第二，他们没有作任何营销测试，没有选取一座城市，用新可乐代替旧可乐。这是一种非常标准的市场研究技巧。第三，在进行盲测的时候，他们并没有告诉试验对象，如果他们选择了新配方就意味着永远否定了老配方。结果新产品的寿命只维持了 90 天。面对这场灾难，可口可乐公司只能大胆地承认自己在决策上的失误。

讨论会的另一个问题是参与者们会盲目追随主持者的意见，尤其当会议的主持者是自己的上司时。最典型的例子就是埃德塞尔(Edsel)汽车，大家知道，现在埃德塞尔几乎已经成了“失败者”的同义词。在为该车型命名的过程中，一家广告公司用了一年的时间，想出了 1.8 万个名字，但公司董事会始终无法达成共识。最后，董事会主席 E.R. 布里奇说道：“为什么不干脆叫它埃德塞尔，以此来纪念公司创始人的儿子呢？”

一方面是厌倦了这种讨论，一方面也是为了取悦上司，董事会一致表示同意这个提议。当一位主管将此事告知埃德塞尔·福特的遗孀时，老太太当面甩门而去，她简直不敢相信这帮人居然要用如此丑陋的车型来纪念自己的丈夫。她的三个儿子也同意她的看法。当调查员问人们对埃德塞尔这个名字有什么想法时，大多数人都觉得它听起来有点像椒盐脆饼或黄鼠狼，但董事会仍然坚持自己的决定。

一旦董事会给某个决定贴上了标签，讨论会的意义就会荡然无存。尤其是当首席执行官根据自己的喜好来任命董事会成员时，更是如此。甘乃特报业前任 CEO 艾伦·纽哈斯就是一个最好的例子。卡尔·艾勒拥有甘乃特公司价值 3.62 亿的股票，可他却在夺取公司控制权中一败涂地。艾伦·纽哈斯完全控制了董事会，艾勒的所有提议都被不假思索地否定了。当纽哈斯想要出版《今日美国》时，他在董事会获得的支持率是 100%。

当你想要在讨论会过程中排除某个总是唱反调的家伙时，也并不是一件容易的事情，但这往往需要你付出巨大的代价。

经典案例

罗斯·佩罗是电子数据系统公司的创始人，后来他把公司以 20 亿美元的价格卖给了通用汽车公司，并在该公司董事会得到了一个席位。后来公司遇到了危机，罗斯·佩罗极力想要说服董事会接受自己的建议，想借此将公司带出低谷。当时通用电气的市场份额一落千丈，在日本公司和福特汽车面前节节败退。不幸的是，罗斯·佩罗的提议激怒了董事会主席罗杰·史密斯。最后通用汽车公司以高出市值 7 亿美元的价格买走了佩罗手中的通用汽车股票——仅仅是因为罗斯·佩罗不愿听从史密斯的决定。

在讨论会中唱反调的人通常会面临两种结果。如果大家的决定是对的，唱反调者的决定是错的，前者就会对后者不屑一顾。而如果大家的决定是错的，唱反调者是对的，则后者就只能服从前者，否则就会被踢出局。无论哪种情况，最终都会让公司遭受损失。

讨论会中“一致通过”的假象

当几个人在一起决策时，大家很容易就彼此妥协。这时就会产生一种“一致通过”的假象。还记得前面提到的猪湾事件吗？每个人都知道，如果没有地面部队配合，这场进攻就只能以失败告终，但大家都在刻意回避这个问题。他们不愿反对周围人的意见，害怕被认为对团队“不忠诚”。所以，这几颗世界上最聪明的脑袋设计了一出最愚蠢的闹剧，其中包括乔治·邦迪、艾伦·杜勒斯、罗伯特·肯尼迪、罗伯特·麦克纳马拉、迪安·腊斯克，还有亚瑟·施莱辛格。

之所以会出现这种情况，就是因为产生了“一致通过”的假象。在召开讨论会时，参与者们不得不面对两大压力：(1) 任何反对大多数人意见的人都会被看成对团队不忠；(2) 当整个团队的凝聚力太强时，他们就会把自己看成是一个团队，而忽视了自己是一个有着独立思想的个体。这两大压力都会让持反对意见者合上嘴巴。幸运的是，你总是可以通过一些警示性的信号来判断这种情况的出现。比如，当团队成员因为担心会遭到反对而不愿咨询外部专家的意见时；或者所有人都团结起来，一致对外时；或者哪怕某位团队成员的言论听起来非常站不住脚，但却没有遭到任何反对，都可以看成是“一致通过假象”的征兆。

一旦出现这些信号，你就应该主动采取一些方法来解决这个问题。或者最好能在开会之前就采取以下的预防措施，从而避免“一致通过假象”的出现。

1. 不要让讨论会的主持者在一开始就表明自己的观点。因为大家很可能会不假思索地支持他的想法。日本人开讨论会时有个很好的规定，让职位最低的人首先发言，然后依次类推，最后才是职位最高者。这样就不会出现直接反驳上司意见的情况了。

2. 尽量不要让讨论会变成一种只有顶级管理层参加的高度机密活动。因为这样会让参与者感觉要“服从团队”。如果福特汽车公司在埃德塞尔车型项目上保持开放的心态，他们就不会一开始就犯下如此大错。如果可口可乐公司没有把新配方看成高度机密，他们就不会作出如此愚蠢的决定。

3. 事先“指定”一位唱反调的人。但切记不要每次都让同一个人扮演这种角色，否则时间一久，他的意见就会受到忽视。

4. 要求所有参与者必须表达两种不同的观点。

5. 鼓励参与者们在会后通电话。人们不愿意在整个团队面前质疑另外一个人，但却可以在一对一交谈时进行更加深入的探讨。

6. 请公关人员事先对参与者进行辅导。换句话说，要让每位参与者的提议都符合情理。

7. 如果要把会议的结果汇报给一位重要的决策者，一定要让大家提出不同的解决方案。亨利·基辛格就总是能向尼克松总统提出不同的观点，且除非总统发问，否则他不会告诉对方自己的选择。

8. 定期引入新成员，从而保证讨论不会陷入一种固定模式。千万不要给新成员太多的权力，也不要孤立他们。

通用汽车公司前主席艾尔弗雷德·P. 斯隆非常了解“一致通过假象”的危害。有一次，在主持会议时，斯隆告诉与会者：“各位，我想我们现在已经达成了一致的共识。所以我建议我们暂停讨论，直到有人想出不同意见为止。”这个想法真是聪明！

在日本的讨论会

由于日本人的决策方式跟美国人的截然不同，所以我想有必要在此讨论一下日本人是怎么作决定的。这样不仅有助于在他们的文化中开展工作，而且在自己作决策时还可以启发灵感。

还记得我前面说过日本人是多么地喜欢讨论会吗？每次日本人开展讨论会时，每个人都要先彻底抛弃自己的意见。大家参加讨论会的目的是为了倾听，而不是发表自己的宏论。通常是级别最低的人最先发言，然后依次上升，一直到团队领导者。每个人都会提供一些与议题相关的信息，但大家彼此之间并不会进行任何争论。当团队搜集到足够的信息时，答案就会变得显而易见了。日本人认为，你所搜集的信息越多,所作的决策就会越明智,这是毫无疑问的。在日本的文化中，定义问题远比寻找答案重要得多。遇到问题时，他们通常首先要考虑两个关键点——是否需要作决定，怎样精确地描述当前的问题。

一旦完成这两个步骤，答案往往会变得非常明显。日本人的决策速度可能要比美国人慢很多，但一旦作出决定，他们就会全力以赴地付诸执行——因为所有人事先都参与了决策。如果你已经习惯了在美国文化中工作，相信日本人的决策方式一定会带给你巨大惊喜。在美国，当我们向一家公司的主管推销了某种产品或服务之后，我们知道事情并没有结果,这位主管的决定很可能会遭到上司的否定。但在日本，可能他们的决策过程要比美国人长，但一旦达成决定，那就表明这件事情已经得到了所有相关人员的批准。

如果你正在跟日本人做生意，相信你一定会遇到这样的情况：你根本不知道对方公司中谁才是最终作决定的人，日本公司喜欢群体决策。美国公司喜欢把责任交付给某个具体的人，喜欢每个人都权责明确，所以美国人往往会认为日本人不善于作决定，但事实并非如此。美国的主管们喜欢单独作决定，以此来强调自己的权力，日本人不愿意这么做，他们不希望自己独立对某件事情负责。美国主管感觉自己必须是创意的提供者。而在日本主管看来，自己的主要职责就是激发他人的创意，所以日本主管在开会时会不断提出问题，以此营造一种鼓励创新的氛围，因为他非常清楚，要想产生一个好的创意，首先就要听到五六十个不同的创意。

美国公司的决策过程就像是法庭辩论。主管们就像是一个个律师，他们会不停地提出自己的观点，交由自己的上司评判。他们会摆出一堆数据作为证据，上司作出最终的判断，然后将其传达到整个公司。美国主管在这个过程中往往比较保守，他们关心的不是自己会得到怎样的奖赏，而是如何避免受到惩罚，这种思维是非常不利于革新的。

在日本公司工作的美国人往往很难受到重用，因为日本人不相信美国人的忠诚度。所以他们在作决定时往往会把美国职员关在门外。日本最大的百货公司三越百货的总裁冈田茂之对日本人和美国人在决策方式上的差异非常清楚，他曾经说过："我们之所以取得成功，关键在于我们把西方人的实用管理风格和东方人的精神特质很好地结合了起来。"

讨论会可以成为一种非常有价值的解决问题的方式，它可以为你带来很多新的信息、看问题的角度和新的视野。如果讨论会能够激发出一些最终被采纳的创意，它就需要得到更多的支持。群体决策通常能降低人们犯大错的概率。

另一方面，讨论会有助于你解决问题，却不一定能有效地帮你作出决定。而且它也很耗费时间，人们通过讨论会作出的决定往往不如个人作决定那么武断和大胆。但一旦你能学会更好地掌控讨论会，避免上面提到的那些错误，它就可以成为帮你找到正确决定的重要途径。如果你担心遭遇讨论会陷阱，遭遇"一致通过假象"，或者担心遇到唱反调的人，那么我建议你最好自己单独作决定。决策的最高境界是把握好别人的建议和自己掌握的知识之间的平衡。

CHAPTER 10

第 10 章 清除自信决策的障碍

一次良好的撤退，应和一次伟大的胜利一样受到奖赏。

——菲米尼（瑞士军事理论家）

避免决策过程的陷阱

讲完如何提高你的决策力之后，下面我要谈一下有哪些因素可能会妨碍你成为自信决策者。

5 大禁忌：

- 采取行动太快
- 采取行动太慢
- 错误地判断形势
- 不愿意承认自己的错误
- 独断专行

为了便于你牢记这 5 点建议，我们不妨逐一对其展开分析。

切忌太快采取行动

在所有导致错误决策的因素中，这一条是最致命的。通常来说，人们之所以过快采取行动，是因为他们面临巨大的时间压力。为了更好地说明行动太快所带来的恶果，我们不妨虚拟一个商业场景，以此来说明时间压力会对决策者产生怎样的影响。

设想你是一家大型体育用品连锁店的总裁，你的公司在全美拥有

140 家零售店，大多分布在密西西比河以西和美国东北部。虽然行业竞争非常激烈，但你在公司一直表现良好。你们当前正处于快速扩张期，业务进展顺利。突然之间，好运到头了。一天晚上，公司的财务副总裁来到你的办公室，跟你说："我们遇到了严重的现金流问题，遭遇了 25 年来最严重的滑雪淡季。今年几乎没有一家滑雪场在圣诞节之前开张，现在雪这么少，对于全美的滑雪场来说，这都是一场灾难。我们现在库存的滑雪设备价值高达 1 千万美元。我们之前为了扩大规模从银行贷款 5 千万美元，明天就要付息了，可我们根本没有钱来支付这笔利息，银行也不愿意延期。我们该怎么办？"

如果说飞行员在飞机坠毁之前说的最后一句话通常是"哦，不"。那么一位总裁在公司破产之前说的最后一句话很可能就是"为什么没人告诉我"。

刚开始时，一切似乎都是小问题，但如果没得到很好的处理，小问题慢慢就会变成大问题，直到最后变成一场灾难。你的滑雪设备采购客户是这个行业里最厉害的公司，他们很精明地在协议里加入了一条推卸责任的条款，一旦出现天气原因导致的淡季，他们就可以跟你重新谈判，甚至直接取消协议。由于今年降雪很少，所以他完全可以利用这一条款取消协议。但就在准备取消订单的前一天晚上，他因为酒后驾车被拘留，随后又得了重感冒。由于一直在忙于应付自己的事情，他忘记了取消订单的最后期限。为了掩盖被拘留的消息，他没有告诉任何人自己遇到了大麻烦。虽然并不是一名天主教徒，但他还是走进自己路过的每一座教堂，点上蜡烛，跪下祈祷，希望上天能够用一场大雪来拯救自己。但雪一直没下。而且时间已晚，就算是现在进行清仓大甩卖也无法带来足够的现金流，甚至连支付广告费的钱都拿不出来。

你告诉财务总监："给我点时间好好想想。"

他说道："我们根本没时间了！必须现在就采取行动！如果明天我们不支付 3 百万美元的贷款利息，银行就会把我们的账定为坏账。明天的财经报纸就会大事报道这件事情，我们的股价至少会下跌 50%。

这也就意味着你个人会损失 1 500 万美元。”

这就是现实的商业世界，你在商学院里根本不会遇到这种情况。现在你必须在时间压力下作出一个非常重大的决定，所有的筹码都摊到桌面上了，这时你的任何决定都可能只会带来令人沮丧的结果。

在面对巨大时间压力时，要想成为一名自信决策者就像在沼泽地里要保持干燥一样困难。

遇到时间压力时，你可能会在没有搜集到足够信息之前就作出决定。你赶紧查看应收账款，看有多少是能立即用上的。但由于过于匆忙，你忘了查看应付账款。

你本来应该发现公司还没有支付 3 百万美元的滑雪设备款。财务人员已经开了支票，但却忘了将支票寄给对方。

仅仅这条信息就可以让你渡过难关，但由于过于匆忙，你根本没有注意到这一点。

在面对时间压力时，你可能没时间对信息进行彻底分析。你会假设公司的滑雪设备应该分散在全国各地的商店里，但事实并非如此。如果有更多时间，你可能就会发现，其实大多数库存都集中在奥克兰的仓库里。

这一信息会给你带来很多新的选择。你可以将其运到新西兰，以迎接那里即将到来的滑雪旺季，或者你也可以集中进行清仓大甩卖。由于所有的库存都集中在一个地点，所以你的广告成本将会大大降低。

在面对时间压力时，你会忽略一些重要的信息。你可能忘了公司曾经在去年春季举办过一次去阿根廷滑雪度假的活动。在那次活动中，你们搜集了 5 000 名湾区的滑雪客户名单。在 48 小时内，你可以将甩卖信息通过邮件传达给他们。

在面对时间压力时，你可能会忘记某些可能的备选方案。还有一个办法就是重新制订租用条款，在短期内增加所有商店的现金流。如果银行看到你的这一举措，他们很可能会同意暂时延长你支付利息的期限。但由于面临巨大的时间压力，你可能会忘记这一方案。你可能

会告诉自己 :“我们有 140 家商店,现在根本没时间一一制订租用条款。”

在面对时间压力时，你可能只和一小部分专家交换了意见。你可能认识环球体育公司的查理，他也遇到过类似的情况。如果能够跟他通个电话，征求一下他的建议，你可能会得到巨大的帮助。但查理当时正在伯利兹潜水，一时联络不上，你只好放弃这一念头。如果有更多时间，你就可以联络查理，或者咨询他公司中有过类似经历的人。

在面对时间压力时，你可能只邀请了一小部分人参与决策过程。你可能觉得自己根本没时间召开董事会。你对自己说 :“我必须立刻采取行动。”可如果有更多时间，你就可以召集所有地区的经理开一场电话会议，听取一些宝贵建议。

在面对时间压力时，你可能会轻率地抓住第一个似乎可行的方案。现在是夜里 11 点，所有人都筋疲力尽。你的办公室到处都是打印的文件，一片狼藉。公司执行副总裁说道 :“我不想这么作，但我们不得不关闭一部分商店。我觉得我们明天一大早举行记者招待会，宣布我们将关闭 40 家商店。这样银行可能会给我们延期。股票分析师们喜欢这种做法，我们的股票可能会在一夜之间上升 10 美元。”

你说 :“但那样我们就会遇到另一个麻烦，一半的商店经理会陷入恐慌。你知道已经有很多猎头公司在联络他们了。而且这样做会破坏我们跟供应商辛苦建立起来的良好关系！”

“你是想申请破产保护吗？那样会让债主延期,给我们一丝喘息之机。”

“不，”你叹道，“还是召开记者招待会吧。要关闭哪些商店呢？”

因为你是在时间压力下作出这一决定的，所以它很可能是一个非常糟糕的决定。如果能投入更多时间，你可能就会找到更好的办法。比如，因为你并没有支付供应商货款，所以其实还有谈判的余地。你可以请供应商将 300 万美元的货款延迟到 9 月 1 日，这样就可以在劳动节之前在旧金山的会展中心安排一场大规模的季前促销活动。你可以把库存转移到公司旗下的另外一家子公司，这样你就可以进行抵押贷款，缓解这些库存所带来的压力。

虽然这只是一个奇思妙想，但也并非完全不可能实现。不妨设想一下，一旦劳动节促销取得巨大成功，第二年就可以在全美所有的会展中心举行季前大促销。你可以在有线电视节目中宣传公司的促销活动，甚至可以邀请美国顶级滑雪高手来主持促销节目。这样，它还有可能成为体育商品历史上最成功的销售活动。

这些本来是非常合理的应对方案，但由于面对巨大的时间压力，你并没有想到这些。所以千万不要太冲动。一定要静下心来，作出正确的决定是需要时间的。在遇到某种情况时，不妨先看看有什么临时应对之策，然后再仔细规划长期的解决方案。

怎样才能争取到喘息之机？

如果你只是被迫作出一个莽撞的决定，一定要在危机暂时过去之后重新审视眼前的形势，看看是否还有其他解决方案。

我的高尔夫球友菲尔·布兰森是美国第一家庭保险公司的创始人兼 CEO，他曾经说过："当你迫于时间压力而不得不作出某一决定时，不管压力多大，最好的办法就是暂时推迟作任何决定，直到你感觉舒服的时候再继续。这样做不一定对，但有时不这样做所带来的后果可能会更严重！"

作决定时切忌情绪偏见

促使你过快作决定的另一种因素是你的情绪状态。如果感觉愤怒、沮丧或者是不快，你都可能会作出一些对自己无益的决定。我就有一个例子。有一次，我满腔怒火地开车去找我的秘书。我简直不敢相信她居然第 10 次犯同样的错误，我感觉内心像是有一团怒火在燃烧，迫不及待地想要让她立刻滚蛋。可就在去办公室的路上，我突然意识到自己当天的状态并不太好，可能是因为身体的原因，也可能是因为刚去外地演讲回来，疲劳过度。我安静下来，对自己说："还是明天再处理这件事情吧，看到时我还是不是这样想的。"当处理与他人的关系时，我从不后悔我的这种谨小慎微。

类似的原则也适用于当你对某件事情热情过度的时候，感觉太好也会让你作出错误的决定。在公司里，如果我们作了失败的决定，我们一般会说："哇，你作这个决定时一定是自我感觉太好了。"热情会让人变得盲目——当你感觉事情太顺利，简直让人难以置信的时候，你的许多假设可能都是不真实的。要把热情留到决定作出之后，而不是在这之前。一旦作出了决定，你的热情可以让一个哪怕不是太可行的决定变得可行。但在作决定之前就热情高涨显然只会招来灾难。

推迟决定同样有害

自信决策的第二个障碍是采取行动太慢。为什么有些人会因为延迟决定而错过大好时机呢？出现这种情况一般有以下 6 种原因。

1. 自卫性逃避

心理学告诉我们，每个人内心都有一个自卫性逃避系统，它会让我们不自觉地回避某些重要的问题。这也就意味着我们总是会逃避问题，总是在寻找另外的机会。在作决定的过程中，这种心态通常会导致一些让你决策缓慢的心态。

心态 1：这件事不可能发生在我身上。你在经营一家餐厅，附近有 10 家餐厅最近都关门了。这时你却告诉自己："这件事不可能发生在我身上，因为我经营餐厅的方式跟他们不一样。"

心态 2：这件事可以留到以后再处理。你并没有意识到眼前的事情是需要处理的，反而在想："我还有很多事情要处理，这件事还是留到以后吧。"这里需要指出的是，在很多时候，人们之所以拖拉，并不是因为其他事情更有趣。

心态 3：还是让其他人来处理这件事吧。如果你是一家公司的总裁，这种态度将会给你的公司带来灾难性的后果，所以一定要坚决抵制。如果你是公司的经营者，那么千万不要让这样的事情发生在你身上。除非你能积极地推动事情向前发展，否则由此形成的惰性将会让整个公司陷入灾难。

2. “得过且过”的心态

采取行动太慢的第二个原因是得过且过的心态，这种态度会让你的公司一败涂地。在今天瞬息万变的商业世界，你必须对可能发生的一切了如指掌，比如你感觉自己的产品不一定能成为畅销品，就一定要在销售旺季到来之前作好宣传。

1990 年，吉列公司达到了自己的巅峰状态。它是当之无愧的市场领导者，无论在一次性刀片还是在其他刀片市场上，吉列都远远超过了自己的竞争对手。可即便如此，吉列公司还是投入了 2 亿美元开发出了一种感应剃刀，并且又投入 1.75 亿美元进行宣传。这一决定耗掉了公司此前一年的大部分利润。对此吉列的说法是“先试试看，等出了问题再说吧”。但他们心里很清楚，在今天的商业环境中，这种态度根本不可能持续很长时间。所以千万不要得过且过。

3. 迷恋讨论会

行动过慢的第三个原因是总想要征求别人的意见。讨论会的确可以帮你更好地作出决定，但千万不要让它成为妨碍你决策的因素。当你必须作出某个决定时，一定要为自己定下一个截止日期。在此日期之前，你可以邀请尽可能多的人参与讨论，但千万不要因此拖延决策。除非发生了一些重要的事情让你不得不推迟截止日期，否则就要严格遵守。当你无法在某件事情上让所有人达成共识，而截止日期就要临近时，不妨让距离事故现场最近的管理者来作出最后的决定。

4. 搜集了太多信息

在今天的商业世界，总是想要搜集太多信息是一种非常不利的心态。当一个人搜集了大量信息时，他就会陷入混乱。信息一旦过量，就会形成一种精神噪声，严重阻碍我们的直觉思维。前国防部长唐纳德·拉姆斯菲尔德曾经说过：“想要弄清楚五角大楼里发生的每一件事情实在困难，其难度不亚于想要抽干消防栓里的水。”

记得有一次去太浩湖度假时，我遇到了一位从事创造无纸化办公环境的人。他的主要工作是帮助客户建立无纸化办公系统，从而彻底消除该公司的纸张使用。对于大多数公司来说，这一理念显然非常难以接受！比如，在使用该系统之后，如果想要邀请某人一起共进午餐，你要做的是给他发一封电子邮件，不是留便条。在他事业发展的最高峰时，他曾经被邀请前往五角大楼评估该机构能否实现无纸化办公——这可是一笔数百万美元的大生意！可在五角大楼待了 30 天之后，这位先生却垂头丧气地放弃了这笔生意。“这个地方太乱了，”他告诉我，“没人能把它理清楚。”

5. 试图预测未来

决策缓慢的第五个原因是你总是把大量时间用于预测未来。事实上，就连经济学家都无法预测未来。就算你把世界上所有的经济学家都聚在一起，他们也无法告诉你未来究竟会发生什么。

大师手记

在新奥尔良参加一场宴会时，我旁边坐的是一位著名的经济学家，他后来成了联邦储备委员会的主席。这可是一个难得的机会，于是我立刻请教他为什么我在里根执政时期损失了 200 万美元。里根在竞选总统时，他所提出的主要政策内容包括大幅提高军事开支，同时大幅削减税收。几乎所有的专家都觉得这肯定会导致通货膨胀，对此我也坚信不疑，并且立刻购买了许多房产。可结果呢？美国不仅没有出现通货膨胀，反而出现了短暂却极为严重的经济衰退。当然，我并没有破产，也没有被迫拍卖住房，但我在地产领域所作的投资却血本无归。

于是我问这位专家：“到底发生了什么事？里根总统提出了一个肯定会导致通货膨胀的方案，您甚至警告我们要留意即将到来的通货膨胀，可结果却跟您预测的截然相反？”

他开始了长篇大论的解释。按照我的理解，他的大意是说，里根上任后不久，面对海外的激烈竞争，美国公司开始变得更有竞争力，从而有效地避免了通货膨胀。就在他解释了差不多 10 分钟时，我突然意识到，这个人所掌握的经济学知识并不比一般的美国人多，而且他对于未来也是一知半解。

经济学家们的预测之所以失误，是因为他们不愿意相信普通大众也都是见多识广的人，大众作出所有决定时也都会遵循利益最大化原则。所有的公司都会基于这一假设运作，但经济学家们并不愿意承认这一点，所以在这件事情上，我的结论是：预测未来的确很吸引人，但却很少有人能作出精确的预测。

预测未来真的有意义吗？要记住，你90%的未来不是取决于将会发生什么，而是你会怎样应对未来。所以要想有一个美好的未来，最好的办法是处理好眼前的事情，而不是浪费时间琢磨未来究竟会怎样。

6. 担心失败

决策缓慢的第六个原因是担心失败。但是，如果害怕失败，你就不可能走向成功。在我看来，要想不害怕失败，最好的方式就是提前想好最糟糕的结果。问问自己，如果你的决定是错误的，最糟糕的结果会怎样？情况可能并不像你想象的那么糟糕。记住，唯一有资格告诉你某个想法行不通的人是那些已经尝试过，并且遭受过失败的人。无论做什么事，这个世界上都会有很多人说你的想法根本行不通，可只要仔细了解一下他们的背景，你就会发现，这些人根本没有多少专业知识。可只要他们告诉你某个想法不行，你就会放弃尝试。所以除非他亲自尝试过并且遭受过失败，否则没有人有资格告诉你某个想法行不通。

如何判断紧急性

你作决定需要多长时间？有时候紧迫性会成为压倒一切的因素。遇到这种情况时，你需要抓住机会，在有限的时间内作出最优的决定。这是一种艺术，做到这点并不容易。要想弄清楚你所作的决定是否紧迫，可以通过以下几个因素来判断。

紧迫性因素 1：你的竞争对手在做什么

在商业世界，如果你想知道自己有多少时间来作决定，就要首先了解你的对手在做什么。如果你拥有一种新研制药物的独家专利权，你就可以抽出几个月甚至几年时间来考虑一个决定。你可以先作好一切准备，然后再采取行动。在计算机行业，你可能只有几个小时的时间作决定。辛特尔公司是第一家制造 256K 电脑芯片的公司。早在其他公司还在销售 16K 芯片，并且坚信下一代产品只能是 64K 芯片时，辛特尔公司就已经在销售 256K 芯片了。它只比竞争对手快了 16 个星期，但这 16 个星期却给这家公司带来了 1.3 亿美元的利润。

了解你的对手在做什么非常关键，但怎么才能了解到这些信息呢？一定不要害怕给对方打电话。除非违反公平交易法则，否则你完全可以直接拿起电话，问对方在做什么。当然，你的问题不一定会得到回答，但一位优秀的记者在提出一个问题时不仅仅是因为要得到答案，肯定还有很多答案以外的原因。著名记者山姆·唐纳森在海湾战争期间采访诺曼·施瓦茨科夫将军时，他提出一个问题："将军，请问盟军准备什么时候发动进攻？"

他难道真的以为将军会告诉他："山姆，我答应总统我不会告诉在座的其他 500 位记者，但既然你问了，我还是告诉你吧。时间是星期一凌晨 4 点。"

当然不会。山姆非常清楚自己根本不会得到答案。但完全可以通过分析对方的回应来得到很多其他的信息。山姆·唐纳森想要知道这位将军是如何拒绝回答这一问题，以及他是如何应对记者的提问的。所以不管能否得到答案，只要提问，你就一定能搜集到一些有用的信息。

大师手记

我曾经应邀为一家大型包装公司的年度会议发表演讲，演讲之后，我参加了该公司的宴会。当时我的左边坐的是该公司的总裁，右边坐的是该公司最大的客户，一家名列《财富》杂志前 100 名的大公司的副总裁。我问左边包装公司的总裁："你的公司每年能争取到他们公司多大份额的业务？"

这位总裁告诉我："我也不清楚——他们不会告诉我们答案的。我们只是知道他们不喜欢把所有的业务都交给一家公司。"

几分钟之后，我转向右边那位副总裁："请问你们每年交给这家包装公司的业务占你们总业务额的多少？"

让我感到吃惊的是，这位副总裁居然告诉我："27.8%。"

我问道："我想你们喜欢把业务分散给不同的公司吗？"

他说道："以前是这样，但现在我们要改变这种做法了。如果能找到跟我们深度合作的商业伙伴，就可以把所有的业务都交给他们。"

毫无疑问，这一信息对我左边的这位总裁是非常重要的。但他从来没提出过这个问题——因为他假设对方根本不会回答。这个故事说明了哪怕你觉得自己根本不会得到答案，也不妨先试着提出问题。

在跟竞争对手交谈时，如果想要得到，你首先就要给予。一定要主动跟对方交换信息。有时候你最好先告诉对方他们想要知道的信息，这样对方自然就会投桃报李，向你提供一些你想知道的信息。

"但这样根本没有任何意义，"你会说，"我根本不想向对方透露任何关于我们的信息。"其实，只要能够把握得当，你完全可以在不透露给对方任何重要信息的情况下摸清对方的底细。这时你千万不要亲自去拜访竞争对手，你可以派一位并不了解你底细的代表前往。这样，当对方向你的代表了解你公司的情况时，你的代表就可以坦诚地告诉对方："非常抱歉，我真的不知道。要是知道，我一定告诉你。"通过这种方式，你就可以只告诉对方你希望透露给他的信息。

紧迫性因素 2：决策的生命周期

有时候如果等待的时间过长，你就会错过时机，不管你的决策有多出色。1954 年，市场上出现了一股对高质量、中价位汽车的需求热潮。福特公司的管理层对于这一趋势显得异常兴奋，他们想要开发一款接近完美的车型来占领市场，可让他们万万没有想到他们的这一决定带来了致命的后果。当他们最终在 1958 年将埃德塞尔推向市场时，市场需求已经发生了重大变化，消费者的口味已经从大型重量级汽车转向了轻型轿车。《时代》杂志将福特公司的这一失误描述为“在错误的时间向错误的市场推出了错误的车型”。而对于福特公司公关部的人来说，唯一的好消息就是，在整整一年时间里只有一辆埃德塞尔被盗。

所以，如果决策周期很短，你就需要尽快作出决定。在如今这个快速发展的时代，你需要更快地作出决定，因为几乎所有商业决策的生命周期都大大缩短了。

紧迫性因素 3：你的决定是否可以逆转

也就是说，一旦决策失败，你是否可以很容易抽身而出？假如有位银行家给你打来电话：“我简直不敢相信现在竟然有这样的好事。我们刚刚收购了一座写字楼，我觉得它非常适合作你们公司的总部大楼。如果你明天中午之前决定购买这栋大楼，我们可以按照市价的 50% 卖给你，不仅如此，我们还可以为你提供全额贷款。”

如果你是一位自信决策者，这时你要思考的问题就不是“这栋大楼是否适合作我的总部写字楼”了。因为你可能要花上几个星期才能弄清楚这件事。这时你要思考的问题是，“如果现在就决定，我是否能全身而退？”如果你真的能以市值的 50% 的价格买下这栋楼，并且银行愿意提供全额贷款，你就完全没有任何风险。哪怕根本不考虑用它来作你的总部大楼，你也可以将其出售，并获取巨额利润。对于我来说，作这种决定，哪怕它是一笔数百万美元的投资，也不应当超过 5 分钟。当然，前提是你非常了解地产市场的行情，而且这样做并不违反你公司的基本原则。

紧迫性因素 4：潜在的可能损失有多大

问问自己，如果这个决定是错误的，可能会遭受的损失有多大？

我们常常会陷入这样的情况：我们苦苦思索应该租哪盘电影碟，这时我们会想："为什么我要花时间看这盘碟？租这盘碟只需要3美元。钱不多，所以就算租了不看也无所谓。"

我至今还清楚地记得，有一次我跟儿子站在西班牙的大街上，犹豫不决。当时儿子想要去参加斗牛。他的想法是：宁愿被顶死，也不愿无聊死。我也想跟他一起去——这样我就可以得到一些故事用于演讲！但理智告诉我，如果我被牛顶死了，听众就永远听不到我讲故事了。要知道，一位演说家被牛顶死和人咬狗一样——绝对是头版头条的新闻！

于是我仔细评估了当时的情况，似乎并不值得冒这个风险。这件事的潜在收益很小，但潜在损失却很大。离开西班牙之后，我们前往阿尔卑斯山，攀登勃朗峰和马特峰。可由于脚踝扭伤，计划不得不停止。儿子当时21岁，他还有几十年的时间有机会登山。而我当时50岁，我剩下的时间已经不太多了，但以后还是有机会重新登顶的。这就是我所谓的"大风险"和"小收益"。

承认自己的失误

我所交往的一些非常优秀的商业人士都有一个共同的特点：不愿意收回自己作出的决定。在14年的时间里，洛克希德公司一直不断地向L-1011三星大型喷气式飞机项目上投入巨资。到了1983年，在损失了25亿美元之后，洛克希德最终决定放弃这一项目。

而相比之下，联邦快递的弗雷德·史密斯就聪明得多。在推出隔天送达服务之后，他认定下一个业务将会是用电子邮件方式传递信息。于是他启动了一个名为专递邮件（Zap Mail）的项目。该项目遇到了很多技术上的困难，而且由于当时传真机正在大范围普及。所以，虽然他创办联邦快递取得了巨大的成功，但他还是毫不犹豫地取消了专递邮件项目。

我们之所以不愿意承认自己出现了错误，一个重要的原因就在于生怕这样做会损害公司形象。还记得我们在越南的经历吗？仅仅因为不愿意向前苏联示弱，我们几乎把整个国家推向了深渊。

另一个原因是我们一开始就堵住了自己的退路。我根本就不相信我们会从越南撤兵，47 355 位士兵会牺牲在战场上。前苏联人觉得自己是不可能退出阿富汗的。对于任何一位精明的商人来说，哪怕被逼到最后一步，他也不愿意宣布公司破产。

在这个问题上，最经典的例子恐怕是萨达姆·侯赛因了。他始终不愿意承认自己入侵科威特是个巨大的错误，结果他的固执让他失去了一切。

聪明的决策者懂得不断学习并克服前进路上的障碍。对那些让你失望的人发火解决不了任何问题，你必须学会面对现实，从根本上解决问题。当你脚踝扭伤，被困在一块峭壁的石块上时，虽然你也可以去诅咒制造登山绳的公司，但这毕竟解决不了问题。几分钟过后，诅咒就会起副作用。越早结束诅咒，开始面对现实，你就能越快走出困境。

千万不要对某个计划投入太多的个人感情，一不小心，你就会沉浸在自己的计划里。毫无疑问，一项计划一旦确定，最好能坚持到底。但换句话说，这就像骑马一样，哪怕你的方向是正确的，可如果马突然死亡，你最好的选择就是立刻跳下马来。

同样，当组织中的某个人启动了一项计划之后，千万不要让他来决定是否要取消该计划，他很有可能会因为对计划投入了太多感情而不愿意放弃。如果项目的启动者不愿放弃，你可以把项目交给某个对该项目并没有投入太多感情的人。还记得罗杰·史密斯的故事吗？他下定决心要吸收罗斯·佩罗和独立计算机服务公司 EDS，结果通用汽车投入 20 亿美元收购了这家公司，后来又投入了 7 亿美元买下了佩罗的股份。

“挑战者”号航天飞机事故也是一个很好的例子。当时该项目有 3 个重大的压力点，一是所谓的“太空教学”项目，该项目当时曾经引起了广泛的社会关注；二是负责人非常不愿意投入更多资金来改进火箭推动器的研发工作；三是为了避免对整个航天项目投入太多资金。

在这三大压力面前，决策者们拒绝了专家们提出的暂停发射“挑战者”号的建议。

当然，很多决策者都会告诉自己“哪怕粉身碎骨，我也要一往无前”，这种决心是值得称赞的。但千万不要真的因此而粉身碎骨，一定要面对现实，一旦发现问题，就要勇于承认自己的错误，重新修正自己的决策，尽快将其转移到正确的轨道上。

千万不要独断专行

一旦一个组织中形成一种独裁的氛围，就非常不利于人们提建议。千万不要以为“团队协作”就是让每个人都按照你的意见做事。除非允许人们挑战你固守的某些信念，否则这些信念就会变得越来越根深蒂固。吉米·霍法曾经说过：“我的确有很多缺点，但却绝不想因此而犯错误。”

有些聪明人之所以会犯一些非常愚蠢的错误，就是因为他们不喜欢别人挑战自己的权威。1899 年，美国专利局局长曾经说过：“人类所能发明的东西都已经被发明完了。”

当弗兰克·惠特尔向他在剑桥大学的工程学教授展示喷气式发动机的想法时，教授曾经这样评价惠特尔的发明：“想法很有趣，但却不可能实现。”

当比利·米彻尔将军指出可以利用空军从空中投掷炸弹来炸沉敌人的军舰时，作战处秘书长牛顿·贝克说：“这个想法绝对是胡说八道，如果比利·米彻尔敢从空中进行投掷，我就站在军舰的甲板上等他。”

华盛顿消费产品安全委员会曾经印制了 8 万枚徽章，上面印着“为了儿童，请重视玩具安全”。没过多久，他们就不得不召回所有的徽章，因为这些徽章的边缘十分锋利，而且很可能会被儿童误食，上面的油漆还可能引起铅中毒。

1976 年蒙特利尔奥运会举办前夕，市长让·德莱皮奥说：“奥运会赔钱的可能性跟男人生孩子的概率差不多。”3 个星期之后，组委会宣布该届奥运会损失10亿美元。

伦敦皇家学院主席凯文爵士曾经发表过一系列类似的言论，诸如“收音机根本没有未来”、“X射线其实没有任何意义”、“密度大于空气的东西根本不可能在空中飞行”。

所以一定要在你的组织中营造一个良好的氛围，让周围的人敢于挑战你的观点，否则你的一些错误观点很可能会带来致命的后果。

很多管理者因为担心信息泄露而只和少数人交换意见，这也很容易给人造成一种独断专行的印象。你可以设法堵住泄露的渠道，但千万不要因此改变你的决策系统，这是肯尼迪总统在猪湾事件之后总结出来的教训。尼克松之所以失去自己的总统宝座，就是因为他担心身边的人会把某些信息泄露给公众。甚至有人建议应当起诉老布什总统，因为他在海湾战争之前曾经向沙特阿拉伯派遣20万地面部队，而且是在没有征得国会认可的情况下。

每一位睿智的商业人士都知道，失败的种子往往是在一个人最成功的时候播种下的。当你成就非凡时，千万不要因此而得意忘形。

大师手记

我曾经认识两位商业人士，他们就是由于这种心态而损失了数百万美元。虽然这两人彼此不认识，但犯的错误却惊人地相似。他们在各自的领域内都取得了不错的业绩，于是开始打算跳出自己的领域进军房地产。在具体实施项目之前，公司里都有人提醒他们这是个错误。但他们仍然一意孤行：“我不可能失败的，我不可能犯错误。”结果由于这些项目严重脱离了他们的核心业务，两人都因此损失了数百万美元。

经典案例

很多高尔夫选手也是由于狂妄自大而输掉了比赛。阿诺德·帕尔默曾经在旧金山奥林匹克俱乐部的美国高尔夫公开赛中一度领先，只要不出现大的失误，他就能轻松赢得比赛。但可能是因为一切都太顺利了，他变得盲目自大起来，想要创造美国公开赛的新纪录，于是尝试了一种新的打法。结果他的对手比利·卡斯帕迎头赶上，在加时赛中赢得了比赛。

每一个禁忌都是一面镜子，它能帮助你成为自信决策者。

自信决策者们懂得如何迅速而果断地采取行动，但他们并不会让别人利用时间压力来迫使自己采取行动。

自信决策者理解搜集信息的重要性，而且知道该如何进行决策。当形势紧迫时，他们又懂得随机应变，在信息不充分的情况下果断作出决定。

自信决策者一旦作出决定就会一往无前，但如果事实证明他们的决定有问题，他们也会勇敢地承认自己的错误。

自信决策者在作决定时往往非常大胆，但他们又清楚不能独断专行。

因为自信决策的每一个禁忌都能反映出自信决策者的某些性格特点，所以真正睿智的决策者懂得结合经验平衡这些因素。

CHAPTER 11

第 11 章
决策风格

在没出现不同意见之前，不作出任何决策。
——艾尔弗雷德·斯隆（美国通用汽车公司总裁）

每个人都有不同的决策风格。如果你曾经主持或参加过某个决策委员会，你就会发现观察不同人的不同决策风格是一件非常有趣的事情。当你注意倾听人们的发言时，你会很难相信他们讨论的是同一件事情，因为他们的决策风格截然不同。

但一旦你学会分辨不同的决策风格，你就不仅能够准确判断自己的决策风格，而且还立刻能分辨出别人的决策风格。这时你就会知道他们会在什么时间以怎样的方式作决策。如果你是一名销售人员，了解决策风格是非常有价值的；如果你是一名经理人，你就会知道该用怎样的方式去说服你的员工；如果你是一位员工，你就会知道自己的上司会在什么时候以怎样的方式决定是否给你升职或加薪。

认清你身边的决策者

设想你是一家 Gudenhot 桑拿用品公司的主席兼 CEO。早期，你的父亲从瑞典移民过来，于 1912 年在明尼阿波利斯创办了这家公司。他首先自己制造了一些桑拿设备，然后逐渐扩大规模，后来又从瑞典请来了一些熟练工人。1951 年退休时，他所创建的 Gudenhot 已经发展成为美国最大的桑拿用品制造商。北美所有的健身俱乐部、度假酒店和私人豪宅都以用 Gudenhot 的桑拿设备为荣。

刚开始时，所有的销售工作都由公司的销售人员来开展。20 世纪

50 年代，你接管了公司，之后公司开始建立一个由独立代理商组成的销售网络，此举大大拓展了你的销售空间，同时也降低了公司的运营成本。在整个 70 年代，公司业务呈持续上升态势，每年的销售额和盈利都比上一年有所增加。Gudenhot 的产品逐渐成为“高品质”的代名词，而且产品一直保持着全国最高价位。

1981 年和 1982 年在公司发展史上有着里程碑式的意义。一股健身热潮席卷美国，公司业务飞涨，甚至到了不得不采取轮班倒休的方式来完成订单。然而到了 1983 年，问题开始出现了。一家大型集团公司的子公司 Tip-Top 桑拿设备公司开始发起市场争夺战，以相当于 Gudenhot 产品 50% ～ 60% 的价位迅速抢占市场。Tip-Top 桑拿设备的质量并不如 Gudenhot，但差别不明显。所以到了 1985 年，你的儿子卡尔担任公司的生产副总裁，他开始向你施加压力，卡尔想要担任公司总裁，因为他觉得自己能够用一种更加积极的营销策略来夺回原有的市场份额。

虽然当时你只有 60 岁，但你还是放弃了总裁的位子，退而担任 CEO 和董事会主席。在随后的工作中，虽然并不认同卡尔作的很多决定，但你还是选择尊重他的意见。卡尔推出了两款低价位产品，再加上一套在五金商店打折出售的桑拿设备，接着又聘请了一支极富行动力的营销团队，在全国各地的展览会和交易会上大事宣传。

3 年之后，公司再次创造新纪录，边际利润稍有降低，但工厂的产量又上升到了最高点，虽然工人的加班费用占了一定的利润比例。很明显，这种积极进攻市场的营销策略让 Tip-Top 公司陷入了大麻烦。它被迫一再降低原本已经极低的价位，业绩出现大幅亏损，很快就陷入了濒临破产的境地。

Tip-Top 母公司的一位副总裁打来电话，邀请你前往纽约商讨收购事宜。在帕拉萨酒店里，对方提出了一个非常有诱惑性的报价——只要 1 美元就可以买下 Tip-Top。除此之外，你需要承担 Tip-Top 公司欠下的 250 万美元长期债务。不仅如此，为了让你更加顺利地接手 Tip-Top，这位副总裁甚至为你安排好了银行贷款，你只需要用自己的公司担保即可。似乎这是一笔让人无法拒绝的交易，250 万美元只占你公司上一年利润的 5%，你只需要 250 万美元就可以将往日的头号竞争对手收归旗下。Tip-Top 在亚特兰大拥有自己的工厂，可以和你的公司形成完美的配合。你还可以得到一个非常著名的品牌，以及一个遍布全国的经销商网络。

你几乎想当场答应这笔交易，但理智告诉你，你已经不是公司总裁了，所以你必须回到公司，让执行委员会来作决定。

几天之后，你坐在公司执行委员会办公室的大桌子旁边，出席会议的有你的儿子、公司总裁卡尔，销售总监哈利·金，人事总监珍妮·罕布什尔，以及公司财务总监安德里亚·米尔斯。几天以来，他们一直在对这笔交易进行分析，现在是投票的时候了。

大家的看法让你大吃一惊。卡尔认为这笔交易需要重新谈判，他希望 Tip-Top 的债权人能够减少 20% 的债务。如果 Tip-Top 不能说服债权人做到这一点，卡尔就要采取强硬措施，将 Tip-Top 逼入破产。他还提出要逐个考察 Tip-Top 在全美的工厂和销售办公室，重新商谈租约问题。在 Gudenhot 已经设有分公司的城市，如西雅图、达拉斯以及奥兰多等，他想要彻底取消租约。他还要求 Tip-Top 在签署收购协议之前解雇 80% 的员工。但你已经向那位副总裁作出保证，不会让 Tip-Top 的任何管理层人员失去工作，整个管理层都会完整地并入 Gudenhot。卡尔并不同意你的决定，坚持要求必须要看到 80% 的员工的辞职信之后才能继续进行交易。

销售总监哈利·金则对这一机遇感到兴奋不已，甚至有些迫不及待。他说："动手吧，所有的问题都会得到解决的。我在许多展会上跟 Tip-Top 的销售人员打过交道，他们都是很不错的家伙。如果两家公司能够并肩作战的话，我们的销售额就能增加一倍。"

人事总监珍妮·罕布什尔则完全否定了这笔交易，她说："我们用了三十多年的时间才建立了一支忠诚的经销商网络。他们一直在积极地配合我们抢占市场，如果现在我们张开双臂请来 Tip-Top，我想这对经销商们不公平。”

财务总监安德里亚·米尔斯则对整件事情充满了怀疑。她根本不能理解为什么要这么快作出决定。毫无疑问，Tip-Top 的母公司一定是出了什么问题，才会如此迅速地要求达成交易。她认为应当先请会计师事务所对 Tip-Top 的财务状况进行彻底的了解，然后再考虑下一步。你告诉她“时机不等人”。她则说 ：“我觉得我们一定要有充足的时间来搜集所有信息，哪怕错过这笔交易。”

为什么你无法说服所有人接受你的建议呢？因为你在面对 4 种不同类型的决策方式，每个人都得出了不同的结论。之所以会出现这种情况，是因为每个人往大脑中输入的信息和处理信息的方式都不同。

“输入信息”和“处理信息”是决策过程中的两个重要维度，我们可以根据这两个维度将人们的决策划分为 4 种类型 ：

- 野牛式
- 苍鹰式
- 蜜蜂式
- 猎犬式

野牛面对对手会残酷无情地发起攻击，直到对方投降。苍鹰则会对眼前的障碍一笑了之，根本不把困难放在眼里。蜜蜂希望所有人都能达成共识。而猎犬则会四处寻找，直到猎物浮出水面。

这些比喻看起来似乎有些滑稽，但却是经过大量科学研究之后得出的结论。你的儿子卡尔是一头野牛，销售总监哈利·金是一只苍鹰，人事总监珍妮·罕布什尔是一只蜜蜂，而财务总监安德里亚·米尔斯则是一头猎犬。

详解 4 种决策风格

作为一名决策者，你的决策风格也可以被划分到这 4 种类型中。下面我将对这 4 种不同的决策类型一一进行分析，看看你究竟属于哪一种。

在下面的表格中，左上角是野牛，右上角是苍鹰，右下角是蜜蜂，左下角是猎犬。我们将从左上角开始，以顺时针的方式一一展开分析。表格的维度有两个，一个是我们搜集信息的方式，一个是我们处理信息的方式。

决策过程表 11-1

	有意识	无意识
了解 过程	野牛	苍鹰
观察 输入	猎犬	蜜蜂

首先按照从上到下的顺序进行分析。表格的纵向是你在决策时输入信息的类型。人们输入信息的方式有两种，一种是自己已经了解的信息，一种是根据自己的观察得来的信息。通常，人们对于自己已经了解的信息往往比较确定，外人很难改变。而通过观察得到的信息则恰恰相反。

所以野牛和苍鹰往往会在开会讨论之前就已经下定了决心。卡尔和哈利就是一个典型的例子，他们在听到所有的信息之前就已经作出了决定。

相比之下，猎犬和蜜蜂则对新信息持比较开放的心态。珍妮和安德里亚希望能先搜集充分的信息，然后再作决定。

所以我们把纵向标为“输入信息”，它表明人们接收信息的两种途径，一种是自己本来就知道的，一种是后来通过观察得到的。所谓“本来就知道”，是指那些人们已经深信不疑的信息；而“观察”则意味着信息的接收者没有任何先入之见，对信息持比较开放的心态。

下面让我们再按照从左到右的顺序展开分析。横向是人们处理信息的方式。人们处理信息的方式有两种：一种是有意识的，一种是无意识的。所以横向被标为“处理信息”，左边是“有意识”，右边是“无意识”。“有意识”的信息一般是通过人的五官搜集而来的。在进行决策时，人们搜集信息的主要途径是“看”和“听”，另外三种感官——味觉、触觉、嗅觉，则相对不那么重要。在我们谈到的例子中，卡尔和安德里亚是根据自己所掌握的事实来作决定的，他们甚至没有了解清楚 Tip-Top 收购案到底是怎么一回事，就已经决定要展开收购了。哈利只知道他可以解决所有的问题。如果你问他究竟会有哪些问题以及他准备如何解决，他恐怕说不上来。珍妮立刻想到的是如何处理公司的人事关系。如果你问她为什么会想到这些问题，她恐怕也回答不上来。

在解释完 4 种不同的决策类型之后，下面我们将展开详细的分析。

野牛式决策者如何作决定

位于表格左上角的野牛，代表人物卡尔，会用一种完全理性的方式看待问题。他会根据自己的观察来得出结论，事前不会带有任何先入之见。他之所以同意收购 Tip-Top，是因为他相信这是一个干掉竞争对手，为 Gudenhot 赚取利润的大好时机。林登·约翰逊和李·艾科卡都是很好的例子。

野牛式决策者喜欢立刻采取行动。他并不指望所有人都能达成共识，因为那样很可能会让整个组织错过一个大好时机。对于他来说，团队协作就意味着所有人都按照他的意愿行事，这比浪费时间进行规划好得多。他相信，还是要立刻动手，等到出了问题再解决也不迟。

野牛式决策者总是在想：“为什么要用那么长时间来思考这个问题呢？难道是有人在耍阴谋？”这种人喜欢事事亲力亲为，喜欢立刻采取行动。他的座右铭是："趁热打铁，一举破敌！"对于他来说，激励士气很简单——只要给每个人分配好任务，然后督促他们完成就可以了。

野牛式决策者通常都是依靠直觉作决定，比如在这个例子中，卡尔会觉得：

- 苍鹰哈利太天真了。
- 蜜蜂珍妮太容易受到别人的影响了。
- 猎犬安德里亚的想象力太贫乏了。

苍鹰式决策者如何作决定

位于表格右上角的销售经理哈利属于典型的苍鹰式决策者，他看待问题的方式与野牛式决策的卡尔不同。哈里根本不愿意进行任何分析，他分析问题的依据只有一个，那就是直觉。但苍鹰式决策者的决策风格却跟野牛式决策者的风格非常相似，他们会用绝对理性的方式作决定。在这方面，罗纳德·里根和沃特·迪斯尼就是很好的例子。

苍鹰哈利之所以赞成收购 Tip-Top，是因为这听起来非常有趣。"所有人都会为此激动不已，公关部门可以借此大做文章，完成这笔交易将会对公司形象大有好处，动手吧！"这种人非常善于执行，可一旦形势并没有像自己想象的那样发展，他很快就会失去兴趣。他觉得潜在的收益是巨大的，而且任何人跟他提到潜在的可能损失时，他都会对此嗤之以鼻。

苍鹰式决策者非常喜欢采取行动。他最喜欢的决策风格就像一场非正式的闲谈，"先试试看再说吧"，在这个例子中，哈里会觉得：

- 野牛卡尔有点狡猾。
- 蜜蜂珍妮太看重人情，而没有把公司利益放在第一位。
- 猎犬安德里亚太喜欢分析，不善于采取行动。

蜜蜂式决策者如何作决定

位于表格右下角的珍妮则跟卡尔截然相反。她是典型的蜜蜂式决策者，经常根据自己的感受行事。她会根据直觉来判断眼前的问题，在作决定时根据自己的先入之见，而不是事实依据。吉米·卡特和乔治·布什都是典型的蜜蜂式决策者。

蜜蜂珍妮可能会说："这样做我们感觉舒服吗？人们对此事有何感想？一定要确保每个人都支持这件事。如果它会引起任何摩擦的话，那干脆不做。"这种人往往不善于采取行动。"还是不要瞎折腾了，上次的麻烦才刚刚结束……"她最喜欢的决策方式是群体决策，召集一群人来参与，每个人都有否决权。

蜜蜂珍妮相信，任何事情都是由人来作决定和执行的，在她看来：

- 野牛卡尔太冷酷无情，而且没有任何道德观念。
- 苍鹰哈利只会采取一些愚蠢的冒险。
- 猎犬安德里亚只看到统计数据和业绩预期。

猎犬式决策者如何作决定

位于表格左下角的猎犬安德里亚跟苍鹰哈利恰恰相反，她完全依据事实作决定。她首先会根据自己的分析来弄清眼前的问题究竟是什么，然后根据自己已经形成的标准作出判断。杰拉尔德·福特和哈罗德·格宁都属于典型的猎犬式决策者。

猎犬式决策者喜欢说："先等一等，我们需要更多的信息。还是让我们聘请一位专业顾问，帮我们作个彻底的研究。凡事都要三思而后行，这样做显然是利大于弊。"她在作决定之前会使用各种分析工具反复分析情况，总是迟迟不愿采取行动。猎犬式决策者的座右铭是"在作决定之前，我们必须搜集尽可能多的信息"。她最喜欢的决策方式则是"先评估，再研究，再作成本收益分析”。

在这个案例中，猎犬安德里亚认为：

- 野牛卡尔是在作毫无必要的冒险。
- 苍鹰哈里的想法太狂野了，根本不符合实际。
- 蜜蜂珍妮总是坚持自己的想法，根本不听从理智的诉求。

如何应对不同的决策风格

作为 Gudenhot 公司的 CEO，你又该如何应对这些不同的决策风格呢？多年以来，你已经从下属身上清楚地看到了这些不同的决策风格，在不同的职业生涯阶段，你身上也同样形成过和他们类似的决策风格。在刚开始接管公司时，你就像哈利一样，为了达成销售目标，用尽一切手段。当公司陷入财政危机时，你的风格会略微偏向卡尔的风格，你会作出一些可能会对别人造成伤害的决定，而根本不去考虑这样做可能会对员工的心理造成怎样的影响。当公司面临是否上市的问题时，你又会像安德里亚那样，用财务报表上的数字来评估当时的情况。随着年龄慢慢增长，你开始更多地考虑到身边人的感受，你变得像珍妮一样，不愿意让任何人失去工作。现在，你可以清晰地看到，每一种决策风格都有自己的优势和劣势，但与此同时，每次主持执行官委员会时，你也学会了考虑到人们不同的决策风格。

你心里非常清楚，眼前的决定必须尽快作出，而且这基本上是一个“做还是不做”的问题。要么收购 Tip-Top，要么不收购。你列出了一个简单的反应表，结果证明，这是一个非常难得的机遇。Tip-Top 的资产仍然有很大价值；只要作一些简单的预测，便可以判断出该公司的未来：Gudenhot 公司只要投入少量现金，便可以把 Tip-Top 拉回正确的轨道。

但执行官委员会的每一位成员所提出的意见又都不无道理。于

是你告诉大家 :“我不希望伤害公司利益，而且我也不希望伤害到任何人的利益。安德里亚，你去找银行，让他们提供 250 万美元贷款。你可以用亚特兰大的 Tip-Top 加工厂来作抵押。记住，我不希望用 Gudenhot 来作担保，这样即便是出了问题，我们也不会遭受任何损失。珍妮，你去跟 Tip-Top 公司里的那些跟我们的职能部门重合的员工沟通一下，让他们提前退休，可以给他们一些 Tip-Top 的股票。这些股票现在一钱不值，但用不了几年，它们就会很值钱。哈利，我想让你马上搭飞机去见我们的所有经销商，说服他们将 Tip-Top 的经销商纳入我们现有的经销系统，但只能用商量的口气，千万不可强逼他们。还有，卡尔，从现在开始你来担任 CEO，因为我要去钓鱼了。各位，下次董事会再见。”

你了解自己的决策风格吗

大多数人都是各种决策风格的混合体。但在面对某个具体的决策时，你会发现，在你作决定的时候通常会有一种决策风格占据主导地位。所以，首先让我们来判断一下自己的决策风格。下面我们再描述一下上述 4 种不同的决策风格，你可以从中找到最接近自己的。

野牛　你的儿子卡尔就属于这种决策风格。他会告诉你 :“优秀决策的关键就在于懂得一针见血，直面现实。在搜集充分的信息之前，我不会作任何决定，但一旦所有的信息到位，我就会立刻下定决心，迅速采取行动。”

“我的决策之所以很少出现失误，是因为我不会让别人有蒙混过关的机会。我无法忍受有人把这里当成乡村俱乐部，只关心自己的办公室有多大，而根本不关心公司是否赚钱。我不喜欢模糊，无论是书面沟通，还是口头交流，我都喜欢清晰。”

“有人告诉我，我的穿着太保守了。他们说我需要更新一下衣柜，换上一些意大利服装和颜色更鲜亮的领带。可这是办公室，不是夜总会。

‘布鲁克兄弟’的服饰非常适合这种场合，我不明白为什么要穿得那么花哨。”

“他们总是建议装修一下办公室，但既然每一年的流行趋势都不同，为什么还要花那么多钱去装修办公室呢？没错，我的办公室看起来的确太简单，但一切都井井有条，工作时就不会有任何东西来分散我的心神。”

“我的偶像是李·亚科卡。他做事总是实事求是，一针见血。”

在你分析卡尔的决策风格时，是否也在他身上看到了自己的影子呢？他把全部心思都用到工作上，一心想要在与 Tip-Top 的交易中达成对公司最有利的条件，丝毫不会顾忌别人的感受。他是一位很棒的父亲，而且非常关心自己所在的社区——但只要一走进办公室，他就会变得冷酷无情。

苍鹰　如果你觉得自己并不符合野牛式决策风格，那么你的风格可能更像哈利·金。哈利会说：“我喜欢作决定，这种感觉就像是周末去电影院看场悬疑片。你一边看，一边观察，一边搜集信息，突然之间，答案跳进你的大脑。新的创意总是令我心醉神迷。”

“我喜欢了解别人究竟在想什么，而且我还喜欢思考他们究竟为什么会那么想。我会用一种更加条理化、系统化的方式去作决定，但我也会对别人的说法保持开放的心态。我喜欢跟别人争辩。有时候我甚至会完全从对方的角度考虑问题，这样做让我感觉棒极了。”

“有时候我会让别人感到不安，因为我的有些想法会显得过于突兀，但我根本没有时间去写一封两页长的邮件，解释我为什么会这么想。有时候有些人想要走进我的办公室，跟我聊上几句。我可没有耐心做这件事，还是直接找出问题，努力想出一些富有创意的解决方案比较有意思。我非常同意马尔科姆·福布斯的说法，‘要学会心无旁骛，而且理应如此’！”

“有人说我的办公室乱七八糟，有时我也为此感到苦恼。但有那么多令人激动的事情需要考虑，为什么要把心思用在整理办公室上呢？”

“我的偶像是沃特·迪斯尼。他总是着迷于新想法、新创意。他在作商业决定时总是经过很全面的研究，但同时又懂得倾听自己的直觉。当然，他并不需要忍受像安德里亚这样的人，要不是她拖我们后腿，我们一定能够赚不少钱。”

在分析苍鹰哈利的决策风格时，你是否也在他身上看到了自己的影子？你是否也在按照他的思维方式进行思考？

蜜蜂　可能你更像公司的人事总监珍妮·罕布什尔，她是一个典型的蜜蜂式决策者：“这是我对决策过程的看法。我觉得所有这些研究和分析都是必要的，但从长远来看，我还是会做那些我感觉正确的事情。”

“在作决定之前，我希望能确保团队的所有成员都满意，他们才是真正重要的人。我喜欢到一线进行调查。我会跟很多人交谈，了解他们的感受。令人吃惊的是，他们总是能够想出许多很棒的创意，甚至比我们的执行委员会还要高明。”

“人们说我有时候太喜欢迁就别人，容易让人占便宜。可能的确如此，但我就是这么一个人，这样做最适合我。”

“他们感觉我的办公室太乱了，但我已经在这里生活了很长时间了，我感觉非常舒服，而且我非常清楚每件东西放在哪里。我还在办公室里放了很多个人收藏的纪念品。”

“大家总是在不停地催促我，因为很多事情都没有按时完成。他们说我之所以拖拖拉拉，就是因为我接手太多事情了，但我不喜欢拒绝别人。他们说我穿得太随便了，但当我感觉舒服时，我才会有最佳的工作状态。既然穿平底鞋那么舒服，为什么非要穿高跟鞋呢？”

“我的偶像是乔治·布什——不，可能说芭芭拉·布什更好一些——他们都是很棒的人。他们关心其他人的感受。我喜欢他们给人们写纸条的做法。你看，就连总统也应该抽时间做这样的事情。”

猎犬　如果在以上三种决策风格当中你都找不到自己的影子，那你肯定是猎犬式决策者，就好像这个案例中的安德里亚一样。她会说：

“我喜欢决策树和收益表。我们不能鲁莽行事。正如洛克希德公司的信条中所说的那样，‘只有当分析报告的重量等于你要造的飞机的重量时，你才可以开始造飞机’。”

“我认为直觉本身就是一个谜团。在今天的世界，你必须经过努力才能作出决定。首先必须确定你准备用怎样的方式来描述眼前的问题，然后才能开始思考问题本身。”

“人们都很容易犯错误，我们应该意识到这一点。我相信有一天，人类一定能设计出每次都能作出完美决策的电脑。在此之前，我们所要做的就是尽量避免犯错误。”

“哈利说我从来不懂得抓住机遇。而在我看来，他对什么事都是一知半解。他根本看不懂我的备忘录，因为上面写的全是技术术语。他在背后叫我是数字狂人。”

“我的偶像是哈罗德·吉宁，他是一个非常注重事实的人。他曾经说，‘事实是专业管理的最高形式。’我相信这一点。每次看到一家企业陷入困境时，我都觉得那是因为管理层根本没弄清楚到底发生了什么事。”

决策风格影响决策方式

在继续下面的内容之前，我希望你已经找到了自己最接近的决策风格：野牛、苍鹰、蜜蜂或者猎犬。这可以帮助你更好地理解为什么人们会用不同的方式作决定。它是一种很有用的决策工具，主要体现在两个方面。

首先，了解自己的决策风格将帮助你更好地运用我所谈到的决策方式。如果你属于苍鹰或蜜蜂式决策者，你喜欢依靠直觉。如果你属于野牛或猎犬式决策者，你在作决策时就会更加注重逻辑能力。了解了自己的决策风格之后，你就可以根据不同的情况调整自己的决策风格。

其次，了解他人的决策风格可以让你更好地应对问题。如果你是一位推销员，最让你头疼的情况主要有两种：一种是对方会告诉你“这件事我会考虑”；还有一种是对方说要咨询自己的上级——可能是一个委员会，或者是自己的直接上司。自信的决策者知道买方为什么想要“再考虑一下”，而且知道他会怎么考虑。自信决策者也非常清楚为什么买方想要把问题推给自己的上司。如果你是一位管理者，你会在作决定之前就能预测下属们将作出怎样的反应。你知道哪些人会反对你的计划，而且你知道怎样才能让他们支持你。如果你是一位员工，你会非常清楚你的上司将对你的计划作出怎样的反应，你知道怎样才能让上司同意你加薪或升职。我在上面谈到的所有这些技巧都可以帮助你得到你想要的结果。

下面我们将讨论如何理解别人的决策方式。通常，人们作决策的过程可以分为 3 个阶段：

阶段 1　搜集必要的信息。

阶段 2　对这些信息进行处理。

阶段 3　作决定。

当有人带着文件夹敲开你家大门，告诉你“你好，我来自 XYZ 公司，我们想要作一项问卷调查”时，如果你是野牛或苍鹰式决策者，立刻就会想：“哦，不，你不是，你是在向我推销东西。”因为野牛或苍鹰式决策者会认为自己已经了解了信息。而猎犬或蜜蜂式决策者会想：“你可能是在推销产品，也可能真的是在作调查。还是先了解一下情况再作决定吧。”因为猎犬或蜜蜂式决策者会保持开放的心态。

设想一下，如果是大额产品的销售，情况又会怎样呢？比如，你在向制造商推销一种点对点的销售程序。在开始作演示时，你仔细观察潜在客户们是如何接收你所传达的信息的。他们是否在你开始演示之前就已经作出了决定，或者他们对你的演示保持一种开放的心态？

现在回到问卷调查的例子。喜欢有意识思维的野牛或猎犬式决策者，他们会站在门口反复思考自己该怎么做。比较固执的野牛会想：“这纯粹是在浪费时间，但说不定他们会提供一些免费试用装。”而猎犬相对比较变通一些，他会想：“这件事情很有趣，我想听听他到底会问什么问题？如果他真的是在向我推销什么，我倒想看看他是怎么从问卷调查过渡到产品推销的？”

而喜欢无意识思维的苍鹰和蜜蜂式决策者，他们会根据自己的感受作出反应。苍鹰比较灵活，他会想：“真有趣，我还以为他们很多年前就不这么做了。不妨抽出几分钟来和他交流，说不定我会喜欢。”而蜜蜂式决策者的风格则更加灵活，他会说：“这个人看起来不错，我想如今推销员的日子并不好过。只要他不让我觉得不舒服，我不妨听听他想做什么。”

我们把上面的分析应用到大额销售中。比如，你向一家汽车制造商推销终端展示设备。你要推销的是一种高科技电脑显示屏，以供对方在经销商的展厅里使用，这样客户们就可以通过显示屏直接选择自己喜欢的车型。在演示的过程中，你可以仔细观察对方是如何接收你的信息的。野牛和苍鹰式决策者相对不容易说服，他们往往在倾听你的演示之前就已经下定了决心。野牛式决策者可能会想：“这纯粹是胡说八道。我们绝不希望给客户那么多的选择。经验告诉我们，当客户面对无数选择时，经销商们往往很难卖掉自己展厅的车型。”而苍鹰式决策者则带有更多的感情色彩，但他的观点仍然难以改变，他会想：“听起来不错，但我们绝对不可能让经销商接受这玩意儿。他们很难把这个设备解释给销售人员，这东西太高科技了。”

相比之下，猎犬式和蜜蜂式决策者则更加灵活。猎犬式决策者可能会想：“经销商不会喜欢这个的，因为他们更喜欢引导客户购买自己库存的车型。但我们也可以调整一下电脑里的程序，让它只显示我们有库存的车型，说不定这样可以行得通。也可以通过显示屏帮助客户计算每个设备每天的成本。比如，销售人员可以告诉客户，‘请看这些电力车窗’，客户触摸显示屏，这样他们可以看到车窗实际是如何工作的，同时旁边还能显示，‘每天只需要 11 美分，你便可以轻松拥有这种车窗’。然后他可以通过触摸显示屏在自己的爱车上增加这一设备。”

蜜蜂式决策者可能会想：“我喜欢这个。我们要在达拉斯举办经销商年会，我想经销商们一定更清楚该如何满足客户需求，他们一定会喜欢这个设备的。”

如何应对不同风格的决策者

为了评估决策风格，首先需要观察对方的思维方式是否容易改变，也就是对方在面对新的信息时是否能够保持开放的心态。你就可以判断对方是野牛、苍鹰式决策风格，还是猎犬、蜜蜂式决策风格。

面对野牛式决策者时，一定要开门见山。如果你一定要反驳对方的某个观点，切记不要直接提出反对意见。遇到这种情况时，你可以先表示同意，然后再慢慢地提出自己的看法：“我很理解您的感受，很多人也都有类似的看法。但我们发现……”野牛式决策者都很固执，但却非常尊重事实。这种人非常讨厌华而不实的销售技巧，所以一定要开门见山。

在跟苍鹰式决策者打交道时，同样要很小心，不要直接反驳对方，但你可以用一种充满热情的方式来逐渐改变对方的观点。这种人往往对新的想法很感兴趣，如果他们喜欢你的想法，他们就会立刻作出决定。

蜜蜂式决策者往往心态比较开放，但他们会对很多事情持怀疑态度。千万不可使用强硬的推销方式，要首先跟他们搞好关系，等到双方感觉良好之后再提出你的建议。

猎犬式决策者则是最难作出决定的。他们的心态非常开放，但却喜欢一切以事实为基础，这种人在作决定之前不会有任何先入之见。他们喜欢根据事实，而不是个人感受来作决定。所以无论你提供多少事实，他们仍然觉得难以作出决定。

在面对不同的决策类型时，你应当学会调整自己的决策风格。比如说当你需要迅速作出大胆的决定时，你可以采取野牛式决策风格。

当你面前的选择不是那么明显，而你又需要作出一些大胆而富有创意的决定时，你可以采取苍鹰式决策风格。

如果眼前并没有明显的选择，你必须逐渐说服所有人接受你的决定，你就可以考虑蜜蜂式决策风格。

如果眼前有各种选择，而你的问题只是从中找到一个正确的答案时，你可以考虑猎犬式决策风格。

理解与你截然相反的决策者

在使用这一技巧来判断对方的决策风格时，你会发现，跟那些与自己的决策风格截然相反的决策者打交道往往是最难的。

如果你倾向于野牛式的风格，你就很难跟蜜蜂式决策者打交道。因为当你已经迫不及待地想要采取行动时，对方却觉得根本没有必要改变现状。

如果你喜欢苍鹰式的风格，你就很难理解猎犬式决策者是如何作决定的。因为当你已经对新想法感到兴奋不已，并且准备采取行动时，对方还要花上好几个星期的时间去作研究。

如果你属于蜜蜂式决策风格，就会很难理解野牛式决策者为什么那么冷酷无情。

而如果你是猎犬式决策风格，就无法相信苍鹰式决策者居然会如此仓促地作出决定。要想更好地理解这一问题，我们不妨把前面第 5 章讨论过的性格类型和决策风格结合起来。

我得出这 4 种风格的依据是人的性格类型，而不是简单的决策类型。一般来说，实用型决策者往往会采用野牛式决策风格，外向型决策者则喜欢苍鹰式风格，分析型决策者喜欢猎犬式决策风格，而温和型决策者则喜欢蜜蜂式决策风格。

决策风格表 11–2

左脑思维	右脑思维
实用型（野牛） 非情绪化 果断	外向型（苍鹰） 情绪化 果断
分析型（猎犬） 非情绪化 犹豫	温和型（蜜蜂） 情绪化 犹豫

卡尔·荣格早在 20 世纪早期就提出了这些决策风格，它们经过了时间的考验。刚开始读到这些风格时，你可能会觉得不太容易理解，但只要你能不断阅读这一章节，直到完全熟悉，你就会发现自己投入的时间的确物有所值。它会让你成为一位自信的决策者！

CHAPTER 12

第 12 章

优秀决策者的 9 大特质

企业最大的资产是人。

——松下幸之助（日本经营之神）

在本书的最后一章，我将告诉大家优秀决策者应该具备的 9 大特质。如果能够掌握本书谈到的技巧，并且培养这些特质，相信你每次都能作出正确的决定。

虽然你可能天生并不具备这些特质，但却可以通过后天的学习来培养。下面我们将对这些特质逐一展开分析，帮助你更好地理解这些特质的重要性。

特质 1：能够接受不确定性

自信决策者们总是能够接受不确定性。他们并不要求所有摆在面前的情况都黑白分明，不一定要了解所有的细节。比如，他们可能很清楚公司在曼谷的工厂出了问题，但却对之前建立的体系很放心，相信不管怎样工厂总会得到很好的管理，他们相信问题一定会得到解决，所以自己不一定要亲临事故现场。

举个例子。我喜欢旅行，每隔半年左右，我就会抽出 1 个月的时间四处旅行。多年以来，我先后到过 92 个国家，并成为洛杉矶世纪俱乐部的临时会员。我希望在未来几年之内能够成为正式会员，那将意味着我已经游历了超过 100 个国家。作为一名专业的演讲者，我希望自己能有丰富的经历可以跟听众们分享。我希望在人生的最后一刻，可以告诉身边的人："我已经看见了一切！"我不愿意像墨西哥革命党人潘奇奥·维拉那样，1923 年去世时，他才想起告诉身边的人："千万不要这样就结束了，告诉他们，我的确说过这样的话。"

记得有一次旅行，我买了一张环球机票，然后用 5 个星期的时间向着太阳落下的方向飞行。我可以去任何想去的地方，唯一的要求就是一直向西。我没作任何规划，也没有预订任何一家酒店，我先后去了塔西堤岛、新西兰、澳大利亚、新加坡、泰国。然后我又飞去德国的法兰克福，在那里我租了一辆汽车，开始了几个星期的欧洲自驾游。最后我在巴黎搭乘飞机，飞越大西洋回到了美国。那是我经历过的最激动人心、受益最多的旅行。

对于我，进行一次这样的旅行没有任何问题，我可以不作任何规划地游遍全世界。当然，如果事先能够抽出一个月时间来作好规划，我肯定不会碰到那么多困难，而且说不定还可以看到更多地方。但那样还会有这么多的乐趣吗？可能不会。

大师手记

我的小儿子约翰大学毕业时，我也资助他进行了一次类似的旅行。最初的 3 个星期，我陪着他一起。我们在日本租了一辆车，用 10 天时间进行了一场环日本旅行，我们差一点就爬到了富士山顶，由于当时并不是登山季节，而且我们也没带任何登山设备，所以只好放弃登顶计划。接着我们又去了韩国首尔，后来在中国台北租了一辆汽车，用了一个星期的时间环游全岛，期间我们还进行了一次漂流，最后飞往香港。接着约翰一个人继续后面的旅程，我独自一人返回了加利福尼亚。

他继续自己的环游世界之旅，希望能用有限的钱去看尽可能多的地方。他跟朋友在新德里停留了一段时间，然后去了马尔代夫潜水。接下来他飞往法国南部，跟朋友们在巴黎停留了一段时间。后来他决定跟我太太在冰岛的亲戚生活一段时间。最后他完成了自己为期 4 个月的环球之旅。在此期间，他没有预订过一家酒店。当然，我完全可以用这些钱帮他买辆汽车，或者用作首付帮他买套房子，但那样做有什么乐趣呢？这种旅行不仅给他带来了巨大的乐趣，而且还让他学会了接受生活中的各种不确定性。

有些人觉得这是做梦都不敢想的事，因为他们很难接受这种不确定的生活状态。他们希望一切都能事先安排得井井有条，任何事情都不愿碰运气。在对决策进行分类或规划蓝图时，这是一个非常好的习惯。但当情势紧迫，你需要立刻作出决定时，这就会给你带来很大的麻烦。你之所以看这本书，可能是因为它可以帮你作出正确的决定。可问题是，正确的决定并不一定是完美的决定。一生当中，你只能作出一两个完美的决定，最多不过三四个，而要想作出完美的决定，几乎毫无例外地都要靠运气。所以如果你不愿意接受不确定性，那就很难作出完美的决定了。

还记得我们在前面一章谈到的决策风格吗？苍鹰和蜜蜂式决策者很容易接受不确定性，但野牛和猎犬式决策者却讨厌它。

特质 2：做事懂得轻重缓急

轻重缓急指的是你作决策所遵从的框架。它指的并不是决策本身，而是决策环境。你根据自身特点来定义事情的轻重缓急。以下 5 个特点能够帮助你成为优秀决策者：

- 能够长远地看问题
- 能够看到整个大局
- 采取行动不需要通过别人的同意
- 善于独立思考
- 拥有很强的道德观念

第一个特点是能够长远地看问题，这意味着你能够预见到一个决定对未来所产生的影响。在很多情况下，迅速作出决定是相对容易的事情，从短期来说，这样做并没有什么不妥；但如果能够看到该决策的长远影响，你将会成为一名更好的决策者。

怎么利用这一理念来解决眼前的问题，或者怎么抓住机遇呢？

如果你只是头痛医头，那么说明你并没有抓住问题的核心。你只是治了标，没有治本，问题还是会不断出现。

如果能迅速抓住当前的机遇，那你可能会抢在别人之前把握住机遇。但其他人要比你更高一筹，因为他们具有长远的目光，能够更好地利用这次机遇。

第二个特点是能够看到整个大局。千万不要把这跟我们刚刚讲过的第一点混为一谈。所谓“看得长远”，指的是你在作决定时能够预见到这个决定对未来的影响。而“看到整个大局”则指的是你能够看到这个决定对整体形势所产生的影响。

最重要的是一定要找到正确的问题。我们前面曾经谈过湾区的快速运输系统，整个湾区投入了数亿美元来修建一套新的地铁系统。可管理者们却把心思放在如何修建最好最先进的地铁系统上，而忘了修建地铁的初衷是要解决湾区的交通堵塞问题。这点跟电影《桂河大桥》中的情况一样，那位疯狂的英国军官督促日本战俘们不分昼夜地修建大桥，在这个过程中却完全忘记了自己修建大桥的初衷，而只是想着要修建世界上最棒的大桥。

要想解决这个问题，关键是让自己远离问题。身处问题之中时，你很难看清眼前的问题。中国有句古话：“不识庐山真面目，只缘身在此山中。”不仅在日常生活中如此，在商务决策中更是这样。有些人在不幸的婚姻中挣扎多年，他们从来没有勇气告诉对方：“我需要暂时离开一下，以便更客观地看清我们之间的问题。我需要暂时脱离眼前的环境，换个角度重新审视我们之间的关系。”你会很吃惊地发现，一旦暂时远离问题现场，你就能找到远比自己想象中更多的选择。

要想看清问题大局，还有一个关键就是不要太集中于眼前的问题，反而忘记了自己为什么要这么做。我们都知道，有些公司之所以会失去创造力，就是因为他们忘记了自己的使命，而过于关注某个产品或服务。很多铁路公司之所以破产，就是因为他们没弄清楚自己所处的是运输行业。你总是听说本来铁路公司应该进入航空行业，但因为他们太专注于眼前的业务，结果错过很多机遇。事实并非如此，铁路公司看到了这一机遇，但联邦政府不愿意让他们多元化。

贝尔系统公司非常清楚自己的业务是传递信息，而非销售电话系统。但联邦政府还是想尽一切办法制止该公司向其他领域拓展自己的业务。联邦快递公司也是一个例子，如果这家公司不脱离自己的核心业务——传输文件，它就有可能陷入困境。我们公司经常用联邦快递传送文件，所以可以说是他们的忠诚客户。

大师手记

在十几年之前，有一次我去澳大利亚旅行时，突然意识到一个问题：我发现那里每个人都在使用传真机。如果你问某个人的电话号码，他会给你一张类似于名片的东西，上面不仅有他的电话号码，还有一个传真号码。

当时传真机在美国还是一个很新鲜的东西。一位澳大利亚商人告诉我，他曾经跟一家美国公司打交道。当时他告诉该公司负责人他会传真给他一些信息。那位美国人回答道："好吧，你什么时候发传真呢？"这位澳大利亚人说："大概明天吧，为什么要问这个呢？"美国人回答："我们需要把电话切换到接收传真的模式。"这让澳大利亚人不禁大吃一惊，因为他使用的是自动传真机，可以随时接收传真。

从澳大利亚回来之后，我告诉我公司的总裁："我真的不太清楚传真机到底是个什么东西，但我想我们可能需要一台。"6个月之后，我们发现自己已经离不开传真机了。不仅如此，我在家里也配备了一台传真机和上网设备。我相信，再过一段时间，估计传真机也该退出历史舞台了，因为几乎所有人都会使用电脑来发送信息。

我想要说明的是，在作任何决定之前，一定要学会看清大局，要了解自己所在的行业本质究竟是什么。如果只是把眼光瞄准业务的某一方面，你就会很容易在这个快速变化的时代中落伍。

第三个特点是采取行动不需要经过别人的同意。如果总是想："我的上司会怎么看待这件事？"你就很难成为一名自信的决策者。记住，你的任务是利用自己的决策技能作出正确的决定，然后用你的说服技巧来说服自己的上司。

越南战争时，美国指挥官们总是想要取悦政府，而政府则总是想着取悦大众。而在海湾战争期间，老布什总统非常聪明地意识到，自己才是下令发动进攻的人，所以他明白最关键的工作是什么。在战争中如此，在商业世界也是如此。

一位越战老兵曾经说过，"我在电视上亲眼目睹了海湾战争的全过程，我看到成千上万名伊拉克士兵主动投降"。当时我就想，我们几乎是背着双手赢得了这场战争。

第四个特点是善于独立思考。当周围所有人都在拼命说服你改变主意时怎么办？你是否还会坚持自己的立场？如果你对自己的决定充满信心，就应该坚持自己的立场。

第五个特点是内心拥有很强的道德观念。正如中国古代哲学家孟子所说："人有不为也，而后可以有为。"这意味着无论受到怎样的诱惑，你内心的价值观必须保持不变。

经典案例

洛杉矶曾经发生过一件令人惊讶的事情，从中我们可以看出道德观念的重要性。由于选民担心市政府可能会出现道德腐败问题，所以1990年11月他们通过了一项决议，要求市政委员会必须聘请一位首席道德官来监督政府运作。委员会聘请了一位合格的候选人，沃尔特·泽尔曼，他12年来一直担任加利福尼亚公共事务执行官。双方同意该职位的薪酬是年薪9万美元。可就在泽尔曼即将上任的前一天，市政委员会居然提出要把薪酬标准从9万美元降低到76 254美元，这竟然是给一位道德执行官的价钱！泽尔曼坚持了自己的原则，告诉市政委员会："这根本不可能。"

在作出最终决定之前，你应当问问自己："该计划是否能够经得住《一小时访谈》(*60 Minutes*)节目的调查？"很多商业人士告诉自己："不会有人调查这件事，就算有人来调查，我们也可以掩盖真相。"这种做法并不聪明。如果你经不住《一小时访谈》的调查，我建议你重新考虑自己的计划。

除了道德方面的考虑之外，违背道德观念的做法还会吸干你所在组织的能量，而要想实施一项计划，离不开员工的支持。所以我建议你宁愿选择一个不是很有潜力的计划，也不要选择那些会遭到质疑的方案，因为无论是怎样的方案，要想顺利落实，就必须得到组织成员的全力支持。

特质3：善于倾听

如果你有两位主管：一位善于倾听，一位不善于倾听；那位善于倾听的主管通常会是更好的决策者。在这个信息爆炸的时代，善于倾听变得尤其重要。通常，一位高级执行官每天至少有80%的时间是在参加讨论会或召开会议。除非你是一位倾听高手，否则你就不可能成为一位真正优秀的自信决策者。所以，要想提高自己的决策水平，你就必须提高自己的倾听能力。

首先要在听演讲时提高自己的专注度。如果演讲非常无聊，我们就会走神，反过来，我们的正面反馈就可以鼓励演讲者，让演讲变得更有趣。当你听演讲时，你可以：

- 身体前倾
- 稍微抬头，表示你在倾听
- 提问
- 给予反馈
- 重复演讲者刚刚说过的内容

一旦意识到倾听是一个互动过程，你的倾听能力就会大大提高。

你可以通过一些思维游戏来避免无聊。比如，你可以注意演讲者讲话的内容，而不是他演讲的方式。你可以挑选他某段句子中最长的单词，或者换种方式重述他刚刚讲过的话。因为人的倾听速度是演讲者演讲速度的 4 倍，所以如果不让大脑忙碌起来，它就会走神。

你还可以通过改变呼吸模式来集中精神。如果想要集中注意力，你吸入的气应当多于你呼出的气。这种做法可以增加大脑中的含氧量。试一下，吸气的时候默数到 6，呼气的时候默数到 3，这样就可以保证吸入的氧气多于呼出的氧气。这种做法听来有些愚蠢，但其实却很有效。或者你可以反其道而行，这样可以帮助你释放压力。刚开始作为职业演讲者的那段时间，我每次上台之前都会非常紧张，这时我就会利用这种方法来让自己放松。效果很好！

加强对演讲内容的理解。首先，可以从演讲一开始就作笔记。不管是一对一的沟通、举行小组会议，还是参加大型会议，都要随身携带笔记本。在最上面写下日期和主题，然后开始记笔记，笔记本远比事后查找细节所耗费的时间便宜得多。也可能这是一场不太重要的讲话，根本没必要记笔记。但根据我的观察，如果能将这些笔记整理起来，你就会发现它们是非常重要的资源。当然，记笔记还说明你很重视对方的讲话，除此之外，当演讲人看到你在记笔记时，他们的讲话也会更加准确。

除非对方演讲结束，否则不要轻易对演讲者的演讲内容作出任何判断。如果演讲一开始你就断定对方是个新手或骗子，就会立刻在内心将对方拒之千里之外，而不再倾听他讲的任何内容。所以一定要等到对方演讲结束之后再下结论。

事先了解对方的演讲内容也可以帮助你提高注意力。在写这本书之前，我已经读了三四十本关于这一主题的书。我发现，如果能够弄清楚为什么要读一本书，我的阅读速度就会大大提高，甚至能在一个小时之内读完一本 200 页的书。如果不清楚自己为什么要参加一场演讲，你可能就会在演讲中走神——除非演讲者具有极高明的演讲能力。如果你在参加演讲之前告诉自己："我想知道这个人是怎么看待这件事情的。"那么你在听演讲时注意力就会更加集中。

要随时意识到自己的思维是由左脑还是右脑在主导。当你对某件事情感到愤怒或兴奋时，就说明你是在进行右脑思维，这时你可以通过思考一些事实或数字来将思维转换到左脑。如果你感觉厌倦或不耐烦，说明你是在进行左脑思维，这时可以通过感受演讲者此刻的感觉来转换到右脑思维。

很多研究表明，这种转换思维的方式可以有效地帮助你转移注意力。尤其是在接听电话时，这一技巧的效果更是显著。人的右脑容易接收从左耳传进的信息，因此容易受到感性信息的影响；而左脑则容易接收从右耳传进的信息，因而善于接收事实和数字性的信息。试试看，当你在跟你爱的人交谈时，你可以把电话放到左耳旁，这将有利于你们之间的谈话。当对方在解释一件非常复杂的事情，你感觉很难集中精神时，不妨把电话放到右耳旁，这样你可以更好地启动自己的左脑思维。

在辨别方向时可以通过事实性信息来提高倾听力。你一定有过问路的经验，当时你感觉对方给的答案太简单了，相信自己一定能记住。

可就在拐了几个弯之后，你突然发现自己居然迷路了！之所以会出现这种情况，是因为当对方在指示方向时，你的大脑实际上是在描绘一幅图画。比如，到了一家医院后，你想知道在哪儿照 X 光，于是你问路，对方告诉你："沿着大堂往前走，穿过一扇玻璃门，然后在护士台旁左转。"这是一种非常视觉化的描述。可如果你沿途看到的事物跟你大脑中的视觉形象不一致时，你就会迷路。当你听到"玻璃门"这个词时，你的脑海里可能会浮现出一扇律师楼里那种又厚又重的玻璃门，可在医院里，你可能只看到一扇小门，外面是木框，中间是半透明的玻璃，这时你就会感到困惑："她刚才说的玻璃门是这扇门吗？这能算是玻璃门吗？"

所以在问路时，一定不要使用视觉形象记忆。最好记下一些事实性信息，比如，"在第三个大厅左转，穿过上面写有'特护病房'的玻璃门，然后在下一个大厅左转"。

提高评估对方所传达的信息的能力。在进行一对一的交流时，这是一种非常重要的能力。在双方展开交流时，首先让对方阐明自己的观点。如果你不完全同意，可以要求对方摆出论据。但一定要保持开放的心态，耐心等对方讲完。

大师手记

我是在一家大型百货连锁店处理客户投诉时学到这一技巧的。有时客户会咆哮着冲进我的办公室："这台洗衣机/电视机/立体声音响……有毛病，从一买回来就没法用！"

不知道是谁发明了这个说法，但似乎每一个前来投诉的客人第一句话都是："自从买回家就没法用！"用温斯顿·丘吉尔的话来说，这很明显是一种"语意偏失"。事实根本不可能这样，没有人会把一台不能工作的洗衣机摆在家里两年之后才要求退换。最后，在一通抱怨之后，投诉者们会说出第二句："你们打算怎么办呢？"

这时你的第一反应就是："我一直在听你的抱怨，已经半个小时了，所以我的想法就是尽快把你打发走，让你离开这个地方。"可显然我不能这么说。

后来我发现，对付这种情况最好的办法就是问对方："您想让我们做什么呢？"当客户咆哮着冲进你的办公室时，他们显然希望你能有所行动，这时你首先需要做的，就是让对方冷静下来。你可以告诉他："请您理解，我也很想解决这个问题。我是站在您这边的，所以我想请您先告诉我您的要求。"

通常对方会再次勃然大怒："我已经告诉你我们买走这东西之后受了多少罪了。"

这时你可以告诉对方："我很理解，而且我也很想帮您。但首先，我想知道您希望我做什么。说不定我可以立刻答应您的要求。"随着我逐渐掌握了这种技巧，我开始能让一些人说出自己的心里话。如果我还需要更多信息，我就会继续提问。如果不能达成共识，我们还可以讨论哪些要求可以答应，哪些要求不能答应。

一旦学会这一点，我便发现一切都开始变得顺利起来。我相信这种技巧也可以用在跟恐怖分子的谈判中。如果万一不幸遭遇恐怖分子，你首先要让对方表明自己的立场。对方到底想要什么？如果你们不能达成一致，继续深入沟通。最后，如果你们仍旧无法达成共识，不妨双方作出妥协。通过这种方式，很多问题都能迎刃而解，生活也就会变得简单很多。

提高信息评估能力的第二个关键就是要意识到你的个人偏见。举个例子，如果你很清楚自己不喜欢律师，那么，你的这一偏见很可能会让你对律师的谈话产生看法。意识到这一点之后，你与对方的沟通就会变得更加客观而顺畅。这一法则同样适用于销售过程。如果不能接受别人的夸张宣传，那么，无论销售人员说的是对还是错，你都会不由自主地产生抵触情绪。意识到这一点会大大提高你判断销售人员谈话的能力。

千万不要因为对某个概念过于狂热而忘乎所以。有时——感觉某个理念听起来很了不起，你会迫不及待地想要将其付诸行动。这时最好能在行动之前冷静一下，搜集一些事实性的信息。这样不仅可以帮助你更好地思考这个理念，而且还可能会引发进一步的思考，甚至可能会进一步完善这个理念。

最后，一定要学会记笔记，不妨随身携带一个笔记本，在每一页中间画上一条直线，一边写出你所听到的事实，另一边写出你对这一事实的评价。这样在你之后对这些信息进行研究时，就可以得到一些更加客观的结论。

特质 4：总是能让大家对决定达成共识

伟大的决策者们懂得，要想任何一个决定得到完美的执行，必须得到大家的支持。

还记得商业界流传多年的狗粮的故事吗？一家大公司用了很多年的时间研制新的狗粮产品，他们投入了数百万美元做广告，尽管如此，狗粮依然得不到市场的欢迎。这家公司的总裁召集了所有销售人员，问他们："到底出了什么问题？我们投入了几百万美元作市场调研，还用了几百万美元打广告。为什么还是无法取得成功？"这时会议室后面传来一个声音："因为你忘记问狗狗们是否喜欢我们的产品。"

所以要记住，在作出最终决定之前，一定要征集执行者们的意见。

让大家对决定达成共识的另一个好处在于，它可以帮助你更好地得到执行者们的支持。虽然你可能是一个非常优秀的鼓动者，可以让任何人做任何事，但如果你能够说服他们心甘情愿地去执行，事情将会进行得更顺利。反过来说，不管一个决定有多么完美，如果不能得到执行者们的支持，建议你考虑放弃。

大师手记

我还记得曾经跟华尔街一位金融家交谈，当时他刚买了一家小型房地产特许经营公司。“你有过该行业的从业经验吗？”我问他。他说没有，所以我的下一个问题自然就是：“那你怎么做呢？”原来，由于他已经在保险和抵押贷款方面有了多年的经验，积累了成千上万名忠诚的地产经纪人，每年从他们那里得到大量的保险和抵押贷款业务，所以他感觉这些经纪人完全可以为自己的连锁公司带来同样多的业务。可他的这个计划存在一个重大缺陷：他并没有问这些经纪人是否愿意为一家地产经营公司老板提供更多的保险和抵押业务。结果证明，当这位金融家的身份发生转化时，他的业务也随之受到了影响。经纪人们对他的公司毫无兴趣，他的计划成了一场彻头彻尾的灾难，两年之后，他的公司宣布破产。就这样，这位金融家以损失数百万美元的代价得到了决策失误的教训。

特质5：避免模式化

每个人都会有各种各样的设想，虽然“设想”比“偏见”听起来柔和很多，但二者其实没有太大的区别。在作决定的过程中，一定要注意避免各种模式。并非所有留着长头发的男人都是嬉皮士；并非所有穿着护膝的人都是呆子；并非所有的足球运动员都生活放荡；也并非所有的会计工作都很无聊。人们之所以会形成模式化，是因为人的大脑总是喜欢寻求最轻松的捷径，用模式化的方式来定义一个人或一件事要比进行具体评估容易很多。

我们通常会对那些自己不喜欢或不感兴趣的领域形成模式化的看法。我不喜欢外国车，所以我很容易把所有外国车都定义成“不容易维修，而且维修成本极高”。我不喜欢篮球，所以我也会把所有的球队和运动员的地位都看得不那么重要。

在很多行业中，很多重要的发明都来自业余人士，之所以出现这种情况，就是因为业内人士往往会有很多成规。这样的例子有很多，充气轮胎的发明人约翰·邓禄普是一位退役军人；安全剃须刀的发明人金·吉列是一位瓶塞推销员；柯达公司创始人乔治·伊士曼是图书管理员。

模式化有时也非常重要，它可以让我们甚至在没有获取完整信息的情况下对某些事情作出结论。但另一方面，它也会让我们看不到问题中隐藏的机遇。

不知你是否听说过一位年轻人昏迷之中被推进急诊室的故事？医生看了看他病历上的姓名，然后说道：“我不能接待这位病人，他是我的儿子。”但早在几年前，年轻人的父亲就在一次意外中身亡了。这位医生到底是谁呢？由于大多数人对医生都存在一种模式化印象，所以他们根本没有想到医生可能是位女士，也就是病人的母亲。

除此之外，模式化还会让你对自己形成一些不真实的设想，比如，“我就是这样”。大多数人在进入人生的某个阶段之后都会拒绝作出改变。有些人是在 10 岁时经历这个阶段，有些人是在 100 岁时，但无论如何，我们总是会在人生的某个阶段拒绝改变。爱德华·默罗（美国广播新闻界的著名人物，CBS 的著名播音员。——译者注）曾说过：“有些人很多年都没有新的想法。他们只是在不停地一遍一遍地重复自己的生活。”千万不要陷入僵滞，相信你可以改变自己。我每个月都会跟很多成功地改变自己的人打交道。只要仔细研读这本书，把其中的一些方法应用到实际生活中，你就可以改变自己。如果说用模式化的方式对待他人显得不太礼貌的话，模式化地对待自己就是一场悲剧。

模式化是对信息进行组块过程中的一个副产品。通过对信息进行组块，我们可以培养自己的直觉决策力。正如之前讲过的，人的大脑一次最多只能处理 7 条信息。如果这 7 条信息是主要的信息组块，我们的大脑就可以迅速地挑选，并对其进行组合。这时我们会以为自己是在凭直觉行事。但模式化会让我们的大脑忽略掉一些新的可能性。优秀的决策者会避免这种情况。

特质 6：懂得变通

首先，在作决定时，一定要非常坚定，但情况适当时，你也应当准备好作出一些改变。一味地固守某些东西毫无意义，甚至可能会招致恶果。决策是一门艺术，而不是科学。经常调整自己的决策方式可以帮助你产生一些更有创造性的解决方案。

这就是我为什么要在第 2 章强调应该事先对问题作好分类的原因。如果用分析的方式来处理本该通过综合分析的方式处理的问题，你就永远找不到正确的答案。如果面对多项选择时用“非此即彼”的二元式方式处理，反而会因此陷入麻烦。在处理政策与非政策问题时，也是如此。所以，变通的第一个关键就是不要一味用自己最喜欢的方式处理问题。在作任何决定之前，一定要对问题进行归类，然后用最优的方法找到正确答案。

其次，变通意味着可以接受一些不是那么完美的方案。有时优柔寡断只会让你错过良机。德雷福斯投资基金公司主席霍华德·斯坦因曾经说过：“如果非要等到所有人批准之后再采取行动，形势就可能发生变化，原来的方案可能就行不通了。所以要当机立断，立刻行动，但要记住，没有什么事情是不能改变的。”

第三，要作好随时放弃的准备。你永远可以选择“做还是不做”。大公司经常会因为董事会主席对某个计划充满热情，董事会就给予批准；然后交给管理层执行，管理层觉得这个计划绝对不可改变。在处理政策问题时，如果发现有任何更好的提议，管理层理应有权力建议董事会取消该计划。但很多时候，管理层担心这样做无异于表明自己的无能。他害怕董事会说：“这的确是很好的创意，我们仍然对此事充满热情。很明显，现在的问题是我们找错了人来做这项工作。”

经典案例

美国瑞安公司决定在魁北克省投资一家纸浆工厂。该公司是 ITT 集团的子公司，ITT 在全球 80 个国家设有 350 家分公司。在一次董事会上，ITT 的 CEO 哈罗德·吉宁批准了 8 500 万美元用于扩大公司的佐治亚工厂。可能是自我感觉太好了，他一边靠在椅子上，一边问道："还有什么问题？"瑞安公司的总裁拉斯·埃里克森告诉他，魁北克政府愿意提供 5.2 万平方英里的林木开采权，以促进该行业的发展。"我们可以在那里建一座纸浆加工厂，在纤维素市场上占领制高点。"吉宁说道，"这听起来很棒，动手吧！"

这个项目一开始就一波三折，所有可能出错的地方都出错了。整个项目的执行过程中，曾经多次面临中断的命运。可为什么没有中断呢？因为几乎每个人都清楚地记得吉宁在批准这一计划时表现出来的热情。他们担心，一旦自己表示项目无法继续进行，董事会就会勃然大怒。8 年之后，他们最终不得不取消了这一计划，直接损失 3.2 亿美元。吉宁火冒三丈："为什么没有人告诉我这件事？"答案非常简单，没有人懂得要学会放弃。记住，在商业世界，你永远都有回头的机会。

特质 7：愿意接收软信息和硬信息

所谓硬信息，就是指数据统计、报告、分析之类的信息。日本管理者有一种神奇的能力，非常善于吸收硬信息。软信息则是来自客户和员工的反馈。比如，当你愿意倾听某位潜在客户的反馈时，就说明你比较善于接收软信息。它要求你更多地去倾听，而不是表达。

软信息吸收的一个经典案例来自我前面说过的佳能公司北美总裁松井。上任后的最初几个月他一直在周游全美，倾听所有经销商的建议，问他们为什么不采购佳能的产品。汤姆·彼得斯把这称为“走动式管理”。自信决策者们知道把握好硬信息和软信息之间平衡的重要性。

几乎每次乘坐飞机时，空中小姐都会请我填写问卷，但我从来不填。并不是因为我觉得这样做没有价值，而是我发现他们根本没有用心去搜集软信息。我先后搭乘过美国航空公司、联合航空公司和德尔塔航空公司的航班，迄今为止，飞行的里程数可以绕地球 20 圈了。作为一位职业演说家，我每个月用于购买机票的钱就高达 5 000 ~ 10 000 美元。可从来没有任何一家航空公司的任何一个人给我打过电话，问我："道森先生，请问您为何选择我们这家航空公司呢？"这就是软信息。既然他们根本不关心我的感受，我为什么要花费宝贵的时间去填写他们的问卷呢？

自信决策者知道怎么把握好软信息和硬信息之间的平衡。他们还知道如何避免混淆二者。如果不懂得怎么区分软信息和硬信息，那些经常光顾汽车展厅的主管们就会感觉非常痛苦。比如，有两位潜在客户走进汽车展厅，他们是典型的“口哨客户”——这类人经常会一边踢着轮胎一边问你："这辆车多少钱？"销售人员说出价格，无论价格是多少，对方都会吃惊地吹声口哨。主管就会把这看成是一种硬信息，感觉自己的汽车定价过高，好像这两个家伙代表了上万名客户的观点。

特质 8：对事情的成本和难度有着清醒的认识

当别人拿来一份计划请你审批时，尤其需要你对这件事情的成本和难度有着清醒的认识。在这种情况下，大多数人都会过于乐观。他们对计划充满热情，不希望得到你的否定，于是他们就会对计划所需要的时间和投入作出一些不切实际的估计。

根据我成立多家公司后所积累的经验，一般来说，一项计划的成本要比你预期的高出 20%，甚至高一倍。而且需要的思考时间也要比你预期的时间多出 20%，甚至一倍。所以在决定是否批准一项计划前，问问自己：“如果这件事需要我付出两倍的预算，或者是用两倍的时间去执行，我还会做这件事吗？”如果答案是肯定的，那说明这的确是一个很出色的计划。

反过来，如果你告诉自己：“根本不可能！”那我建议你不妨再慎重地考虑一下。

一定要注意不能盲目地信任某个人。在决定实施一项计划之前，问问自己：“我是否能对执行者进行有效的监督？或者说他是否可以在执行计划时为所欲为？”告诉你一个不幸的消息，只要诱惑足够大，任何人都可能犯罪。很多人都不喜欢听到这样的事实。但作为一名管理者，你有义务消除潜在的诱惑。你可以让两个人共同负责一项计划，相互监督可以有效地消除 90% 的诱惑。在这个问题上，一定要预先制订一个系统来对项目进展持续追踪。如果在一开始就能避免潜在的错误，那就不需要建立一套系统去观察人们是否犯错。

要想避免盲目信任，一个有效的方式就是确保计划的执行者承担着跟你同样的风险。你可以问问自己：“从现在起，一年之内，如果计划搁浅，我会损失什么？”然后把你的损失跟执行者的损失作对比。当然，并不是说执行者也要投入现金。比如，你要求他第一年不拿薪水，或者一旦项目失败，他的收入会大受影响。这样就可以大大降低该项目的风险。如果某个项目失败，你要承担所有损失，而对方却毫发无损，则千万要谨慎。虽然他可能会干得不错，项目也会取得成功，但所有的风险都落到了你的身上。

特质 9：知道如何避免决策雷区

当你进入决策雷区，你就要告诫自己，“我正在走进雷区，它可能并不会让我粉身碎骨，但我一定要非常非常小心”。一般来说，你需要留意的雷区有 5 种。

1. **"既然唐纳德·特朗普提出了报价，这一定是笔好生意。"**当唐纳德·特朗普提出报价要收购东方航空公司时，很多人也立刻开始报价。当一位精明的商人就一笔生意提出报价时，这并不意味着它对你也是一笔好生意。澳大利亚人艾伦·邦德是一位非常有头脑的商人，可一次当他在拍卖会上出价 5 390 万美元买下梵高的名画《鸢尾草》时，你会觉得这幅画一定价值 5 400 万美元吗？希望你没有这么想！聪明的商人也会犯错的。但更重要的是，你们面对的情况完全不同，对他们有利可图的事情，对你可能就是一场灾难。记住，当你根据别人的决定来作决定时，那说明你很有可能正在踏进一片雷区。

2. **"既然他们在不停地做广告，那说明产品一定很畅销。"**很多时候，只要一看到有新产品在做广告，我就告诉自己："他们根本不可能赚到钱，广告费用太高了。"于是我会留意这则广告是否会继续播放。按常理来说，如果一则广告不是很有效，商家很快就会停播，但事实并非总是如此。有时管理层根本想不出更好的方法，有时是因为商家跟广告公司签订了一年的合约。也可能是因为商家的库存太多了，所以宁愿花钱做广告来促销，也不愿坐等着产品在仓库里烂掉。记住，当一家公司不停在做广告时，他们所面对的情况可能是各种各样的。这是第二个雷区。

3. **"既然日本人都这么做了，这件事一定是正确的。"**为什么美国人会对日本人如此推崇呢？为什么我们会觉得日本人做的事情就一定是对的呢？日本的生产力之所以高，是因为日本人愿意在低收入的情况下长时间像奴隶一样工作，而美国人则无法坚持这样做。所以千万不要陷入这一雷区。

4. **"既然提出这个想法的人充满了热情，想必他一定能把它变成现实。"**兰登书屋前主席罗伯特·伯恩斯坦曾经说过："一定要小心那些口齿清晰的无能之辈。尤其是在处理由人而非机器完成的工作问题时更是如此。直觉可以帮助你躲开那些危险的家伙。"

当一个人对自己的计划充满热情时，他便会不由自主地影响你的决策过程。保罗·舒梅克尔曾经在芝加哥商学院作过一项研究。他向两组学生展示一项商业计划和一个可能的解决方案。他告诉第一组学生，这个设想有 80% 的成功率，告诉第二组学生，设想的成功率只有 20%；结果第一组学员全体表示支持，而第二组则全体投了否决票。

在玫琳凯的初创阶段，玫琳凯·阿什曾经同意聘请一个人来帮助自己的公司。后来她回忆这段经历时说："我跟他在办公室外面交谈了一会儿。突然之间，我改变了主意，根本没有任何理由，完全是出于直觉。6 个月后，我在报纸上看到一则报道，这个人因诈骗罪被捕入狱。"所以一定要记住，仅仅因为一个人对某项计划充满热情，并不意味着他就一定能够取得成功。

5. "既然专家都这么说了，那一定是真的。" 专家也会犯错误，而且他们经常犯错误。有 21 家出版商拒绝了《外科医生》（*M. A. S. H*），结果它成为了一本超级畅销书，并被拍成电影，电视系列也播放了许多年。

18 家出版商拒绝过《海鸥乔纳森》（*Jonathan Livingston Seagull*），结果这本书成为美国历史上的第三大畅销书。慕尼黑技术学院曾经拒绝阿尔伯特·爱因斯坦的入院申请，理由是他"没有任何潜力"。达里尔·弗朗西斯·柴纳克也因为克拉克·盖博的耳朵太大而拒绝与其签约。

所以，当专家们说某件事情根本行不通时，你可能正在进入决策雷区。同样的道理，当专家们认定某件事情一定没问题时，你也可能是在进入决策雷区。

如果乔纳斯·萨克相信专家们所说的，逃避病毒的最佳方式就是不要感染上它，他就根本不可能发现小儿麻痹症疫苗。科学史上绝大多数伟大的发明都是人们挑战权威观点的结果。

经典案例

1906 年，天文学家帕西瓦尔·罗威尔在火星地图上勾出了几条红色的运河，他所绘制的地图非常精确，没有任何人怀疑，甚至出版商把它加进了地图和教科书，发行到全世界。可后来我们发现火星上根本没有任何所谓的红色运河。帕西瓦尔·罗威尔当时患有一种不知名的眼疾，他看到的红色线条，其实是自己眼睛里的血管！但不用担心，罗威尔并没有从此被历史所遗忘，人们用他的名字为这种眼疾命名，这就是今天我们所说的罗威尔综合征。

最后的忠告

写到这里，已经快接近尾声了。在这本书里，我讲述了决策如何影响你的生活，如何定义你的人生。决策是人生的基石。我告诉你如何对决策进行分类，如何绘制决策蓝图，以及如何综合利用直觉和创造性的方式来扩展你的选择范围。你也学会了如何使用反应表和决策树。在本书中，我还谈到了如何召开讨论会，如何克服决策中的一些障碍性因素，谈到了4种决策风格。在最后一章，我谈到了优秀决策者的9大特质。现在，恭喜你，你已经可以从“自信决策者”培训班毕业了！

汤姆·莫纳汉在孤儿院长大，他用500美元开办了达美乐比萨店，最终为自己挣得了4.8亿的身家。他是美国梦的典型代表，也是20世纪最了不起的传奇人物之一。记得他曾经说过：“对我来说，物质上的东西已经毫无意义了。当我还是个年轻人时，它们对我非常重要。可如今我已经得到了我梦想的一切……物质享受已经不是很重要了！”

汤姆·莫纳汉认为，自己的下一段人生才是“真正重要的事情”。他已经学会了我们这场名为“人生”旅程结束之前所有必须学会的东西。我们都在这场总有一天会结束的旅程上。但目的并不重要。你究竟是带着4.8亿美元，还是在财务危机中挣扎到终点，这些并不重要。真正重要的是，你在这场旅程中享受到了多少快乐。这是一场多么美妙的旅行啊!

学会成为一名自信决策者可以帮你赚到很多钱，但千万不要只是用它来赚钱。要用自信决策技能来帮助你在所有事情上找到更好的答案。如果能做到这一点，你一定不需再为金钱担心，因为金钱只是成功的副产品。

千万不要只把这本书当成赚钱的工具——要学会用它来让自己生活得更美好!

21天自信决策计划

读完本书之后，你可能已经找到了改变决策方式的答案。但尽管如此，你仍然需要在自己的日常生活中反复实践。如果没有练习，你很容易就会忘记刚才学过的东西。

所以我为大家制订了一份21天自信决策计划，帮助你锻炼自己的思维和决策力。你需要准备的东西很简单，一张纸、一支笔。坚持每天练习，三个星期之后，你跟第一天的情况比较一下，就可以知道自己已经学会了什么。我希望这一练习不仅能够帮助你改变自己的决策方式，而且还能改变你对决策过程的看法。记住，决策是一个过程，你练习得越多，就越容易作出正确的决策。

完成这份21天自信决策计划之后，把你的笔记保存下来。然后一个月之后，你可以取出自己在第一轮练习中的笔记，重新再进行一次。练习得越多，你的决策力就会变得越强。只要观察决策的积极结果，你就会知道自己已经掌握了前面谈到的那些决策技巧。

好了，现在就开始吧，拿起一张纸、一支笔。下面的自信决策技巧并不会自动为你提供所有的答案，但它可以帮你养成一种处理日常决定的良好习惯。掌握这些技巧将会给你充分的自信，让你在面对重大的问题时也能从容自如。

DATE 第1天

首先列出一件最近发生的、并需要你作出决定的事情。可以是你每天都会遇到的事，或者可以推迟一段时间的事。

- 在纸上写下你的决定。
- 写下你通常作这些决定时所采取的步骤。你是否会征求别人的建议？是否会当即作出决定？还是会列出一张选择清单？尽量把你的决策过程划分得越详细越好。

DATE 第2天

很多时候，性格在决策过程中发挥着非常重要的作用。

- 从下面的形容词中选择4个最能描述你性格的词语：

  果断、消极、内向、外向、和蔼、分析型、实用型、缺乏耐心、讲求事实、注重细节、喜欢社交、情绪化、非情绪化、缓慢、快速、以人为本。
- 浏览你昨天记下的决策流程。哪个形容词最能描述你决策过程中的心理？仔细研究一下这些形容词。
- 选择跟你性格截然相反的4个形容词。然后将这些形容词用到你的决策过程中，看一下你的决策结果会发生哪些变化？

DATE 第3天

每一个决策问题都有自己内在的特点。这是因为每个决策都可以划分为不同的类别，而每一类别都有自己的决策技巧。

- 列出一个你每天都需要作的决定，比如，“是否要见那位总是想卖东西给你的推销员”。这种决定可以被划分为“运用最低标准”型。你会用多少时间来决定此类事件？如果超出一定的时间，那说明你并没有为此类决定确定一个最低标准。
- 选择一个你平常花了超过几分钟时间思考的简单的日常决定。写下你作这个决定时通常会考虑的因素。比如，在“是否见那位推销员”的问题上，你所考虑的因素可能是它能否为你提供一个机会，或帮你解决一个问题。下次遇到这类问题时，你可以很快判断出自己是否已经为这一问题确定了一套标准。从现在开始，每天面对新问题时都练习这一技巧，直到所有这类简单问题都得到圆满的解决。

DATE 第4天

还记得小时候的情形吗？每次犯错时，父母都会惩罚你。他们可能会根据你犯的错误决定如何处罚。揪妹妹头发可能会罚你一个小时不许看电视，回家太晚罚你一个周末不许出门等。你怎么知道自己会受到怎样的惩罚呢？一般来说，每个家庭都会有一些成文或不成文的规定。

- 在作出一些比较复杂的决策前，你需要首先了解一下相关的规定。你会发现，很多决定都可以被划分为“运用政策型”的决定。想想自己上周遇到了哪三个进退两难的选择——“是否要向客户提供一项你的公司从未提供过的服务”等。
- 在每一个进退两难的选择旁边注明你的公司是否已经制订了相关规定，“P”说明已经有了相关规定，“NP”说明还没有相关规定。对于那些没有相关规定的问题，想想是否应该立刻制订一项新的规定，这或许是你需要跟公司同事讨论的问题。

DATE 第 5 天

很多时候，由于时间问题，我们不得不迅速作出决定。但遇到这种情况时，我们通常都会缺少决策过程中最重要的东西：信息。但另一方面只有在搜集完所有必要的信息之后，你才能把问题的各个方面拼凑到一起。我将这一过程称为“绘制蓝图”。

- 想出一个要求你在两个方案之间作出选择的决定。比如，你最近刚刚遇到，但又没有太多时间仔细思考的问题。然后根据自己的直觉来断定哪个方案最符合逻辑。
- 列出 5 件和这个问题相关，但你此前又不知道的事情。一定要确保你所列出的这 5 个事实都与该决定相关。再考虑一下你当时的两个选择，你的直觉还会告诉你应当支持此前的决定吗？如果答案是肯定的，恭喜你，说明你拥有我所说的“直觉”，或者说明你非常幸运。无论属于哪种情况，记得一定要在作出决定之前描绘出问题的蓝图，这样能帮助你找到更好的方案。

DATE 第 6 天

有时最好的答案都是做梦时出现的，因为那时是你发挥想象力的最佳时机。很多时候，摆在眼前的问题并没有一个符合逻辑，或者是理性的答案，有时甚至根本没有答案。这时就需要你开动自己的创造性思维了，也就是右脑思维。

- 列出一件你非常想要，但却不敢提出的东西。可能是要求公司给自己加薪、升职，或者是争取一个新的任务。
- 充分发挥自己的想象力，问问自己：“如果用一种匪夷所思的方式来处理这个问题，结果又会怎样？”试想一下，如果不提出这些要求，如果说服别人不要用你的角度看待这些问题，结果又会怎样呢？通过设想一种截然相反的情景，有时你可以更清晰地看明问题，想出更好的解决方案。

◆ 想象自己是个孩子,你会如何提出自己的要求？如果是个孩子，你是否不会那么害怕提出某些要求？你是否会更加直接？孩子般的想象力是否会让你想出更好的办法，或者让你变得更加灵活？有时当我们用一种孩子般的纯真去看待某个问题时，我们就可以穿透迷雾，看清问题的核心。

DATE 第7天

有时想象力可以帮助你想出更好的创意，或搜集到更多信息来帮助自己找到更好的方案。有些时候，决策需要你使用一些更加符合逻辑的技巧。

成绩单决策法通常适用于“二选一”的决策，比如在两家供应商之间选择一家。假设你最近遇到了一件需要在两个方案中选择的事情。

◆ 首先，列出你作这个决定时最重要的10个标准。

◆ 在每个标准下面列出两栏，每家供应商占一栏。然后按照从1～10的标准，列出每家供应商在该标准上的得分。

◆ 将各栏的每个得分相加，计算出总得分，然后对比两个数字并最终找到答案。

DATE 第8天

加权决策是一种更加复杂的决策方法。通常适合“多选一”的决策类型，比如“要搬到哪座城市”。找出一个需要你在3个或3个以上的方案中作出选择的决定，也可以是你已经作完的决定。

- 列出 10 个影响该决定的最重要的因素。按照从 1 ～ 10 的标准对这 10 个因素进行排序。
- 在下一栏中，列出其中的一个选择。比如，你打算搬到纽约，这时你就可以列出纽约在每个因素上的得分。
- 在最后一栏中，将所有选择方案的重要性和相应得分相乘，然后列出每一个备选方案的得分，并将所有备选方案的得分进行对比，最终找到正确答案。

DATE 第9天

遇到结局不可预测的决定时，你会怎么办——种棵树吧——决策树。在遇到那些能够改变你一生的决定时，比如在 3 种不同的职业道路间作选择。决策树有些类似于家谱，每棵树枝都会生发出一些更小的枝丫。

- 找出一个结局不可预测的决定，比如，你有 3 个解决方案，但每个方案的结果都是未知的。可以是已经发生的，也可以是你正面对的决定。画出 3 个相互分割的圆圈，在每个圆圈里面填入一个方案。
- 在每个圆圈旁边画出 3 个更小的圆圈，用直线将 3 个小圆跟旁边的大圆连接起来。然后在 3 个小圆旁边再画 3 个大一些的大圆，像刚才那样把他们分隔开，并用直线把这些小圆跟大圆连接起来。这样你就可以看到一个选择是如何衍生出另外 3 个选择的。在中间的小圆上填上每种情况发生的概率。

假如你现在面临 3 个选择：到国外旅行一年，在一家医院担任营销主管，主持自己的家族企业。在每个圆里列出一个选择。然后在第一个选择旁边列出 3 个可能的结果：学习一门外语；扩展自己的人生阅历；为自己找到更多的海外工作机会。在第一个小圆里，你可能会写上“60%”，在第二个小圆里写上“80%”，在第 3 个小圆里写上“30%”。然后对另外两个选择也进行同样的处理。

◆ 如果有必要，你可以继续在这棵决策树上写下更多的选择，直到用完所有的可能性为止。列完所有选择之后，你就可以对自己的每一个选择作出一个比较合理的估计。

决策树图示

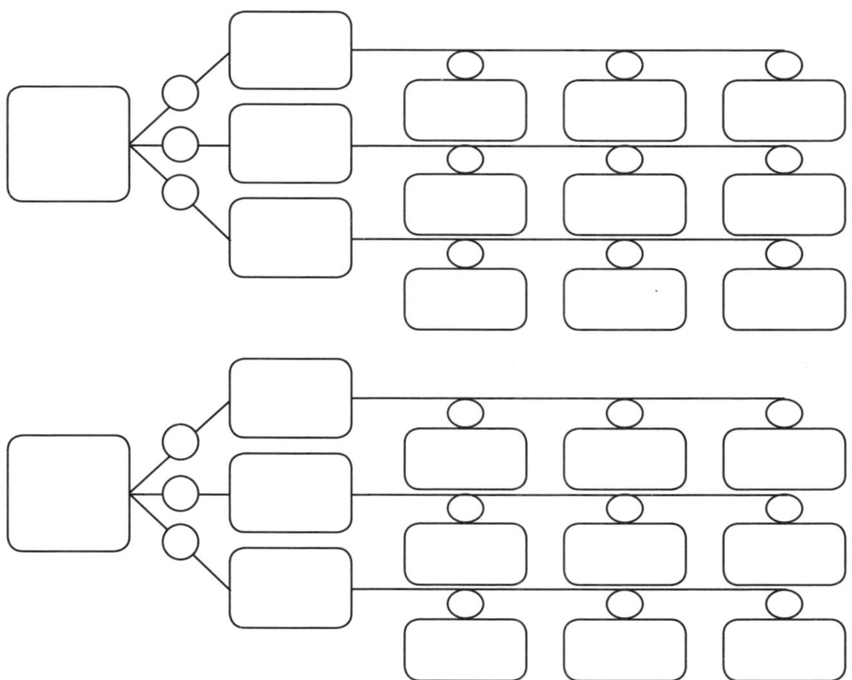

DATE 第 10 天

到目前为止，我们已经学会了创造性想象、绘制蓝图、成绩单、加权平均和决策树等决策方式。那么该如何判断什么时候该用哪种决策技巧呢？我在下面列出了一些需要你作出的决定。你可以在每个方案旁边列出你所采取的具体步骤。有些决定可能需要几种技巧结合起来使用。作完该练习之后，你可以回过头来再次复习一下我们前面的练习，看看你使用不同的技巧所作出的决定是否一致。如果发现有些技巧可能不太正确，或者你已经忘记了，可以再次复习演练一下。

- 你的公司需要在公共部门增加一台电脑，但不想投入太多资金。你的经理最终把可选方案压缩为两个：买一台 IBM 电脑，或者是一台二手苹果机。这时你会使用什么决策技巧？
- 一位朋友给你打来电话，向你透露了一条股市信息。他想说服你购买一些据说是被严重低估的股票，并建议你尽快动手。你立刻拨通经纪人的电话，可对方告诉你这绝对是个错误。这时你会怎么办？
- 作为一家小型电话营销公司的开发主管，你成功地为公司争取了两个新客户。公司有 4 位客户经理抱怨自己手头没有足够的工作，其中有两位经理有 6 年的电话营销经验，一位只有两年的经验，不过他曾经在你的一位新客户所处行业工作过几个月。另外一位客户的情况相对比较复杂，你非常清楚地知道，这位客户的营销经理非常喜欢跟大学生一起工作。虽然你的公司的确有几位大学生，但当前唯一一位有时间接管新业务的人正在接受培训。遇到这些情况，你该怎么办？

DATE 第 11 天

有时我们不应仅仅依靠自己作决定，而应该考虑通过团队协作来解决问题。在本书当中，我使用了“讨论会”这个词来描述团队协作的决策办法。

- 找出一个你最近在会上提出过，但没有被接受的创意。问问自己，在召开会议之前，是否跟任何人讨论过这个想法？在会议之后，是否跟任何人沟通过，问问他们我这个创意究竟错在哪里？
- 如果并没有跟任何人讨论过这个创意，你可以选择两个富有逻辑思维能力的同行，他们或许能够为你提供一些有用的建议。问问对方是否有时间见个面，然后记下他们给你的反馈。如果已经跟别人讨论过这个创意，不妨试着回忆一下对方的反馈意见。
- 你是否发现，当你第二次解释自己的创意时，你可以阐述得更加清晰？讨论会还可以帮助你更好地打磨自己的创意，让它们变得更加简洁，更加容易理解。

DATE 第12天

在面对一个相对比较复杂的决定，而且你已经绞尽脑汁却仍然没有找到答案时，你可以考虑使用类比型讨论会。讨论会往往需要跟其他人一起进行，但如果找不到合适的讨论对象，你也可以试着独立完成。讨论会可以帮助你发散自己的思路。一旦这些类比给你带来了灵感，你就可以用第11天的技巧进行练习。

- 直接类比：指的是将一个想法直接类比成另一个想法。比如有人告诉你，“这则广告应该像穿高跟鞋的小丑一样搞笑”。这可能会让你想到你曾经见到过的一位马戏团高手，让他来出演广告可能最合适。
- 个人类比：指的是你用自己的个人经验来作类比。假如你或者其他某个人说：“那位扮演祖母的演员就像我在爱达荷州的农场里长大的祖母一样热情而传统。”这可能会让你想起爱达荷州的某个农场，它会是一个非常完美的拍摄场地。
- 梦幻类比：指的是你用一些比较遥远的事情作类比。比如，“那辆车在高速公路上奔驰的样子让人们想到飞船在遥远的银河系飞行的样子”。这可能会让你想到要用直升机在空中取景，而不再像平时那样用摄像机跟在汽车后面拍摄。

◆ 最后再举个象征类比的例子。“这个项目会让我们的竞争对手两眼发红”，这时你就可能会想到在纸媒广告中使用红色。

DATE 第13天

另外一种讨论会的方式叫单人碰头。在进行单人碰头时，你可以独自一人形成很多出色的创意。不妨试试下面的练习。

◆ 拿出一页纸，列出当前问题的特点。在每个特点下面，列出一个备选项。列出每个备选项之后，你可以将两栏的备选项相互配对。每次创造出一个新的组合，它就会给你带来一些新的创意。

◆ 写下你的问题，然后在上面画个圆圈。每次想到一个新的答案时，从圆圈里画一条直线，写下解决方案，然后在你的解决方案外画个圆圈。如果你的解决方案能够让你想到另外一个想法，在这个想法上再画一条直线……有时看着这些圆圈也会让你想到很多富有创意的组合。

◆ 要想避免思维定式，最好的办法就是随机思考。有时随便翻动一本词典就可以带给你很多新的灵感；或者用一些不同的字眼来表达一个问题也会让你可以更清晰地看到这个问题。尝试一下吧。

DATE 第14天

学会接受别人的建议往往会让你受益无穷，但另一方面，它也会让你陷入“讨论会陷阱”。类似地，独自作决定可能会更加高效，也可能会是一个错误。下面是一些独自决策或讨论会可能出现的陷阱。

独自决策的问题在哪儿

你可能会对自己的决定太坚信，以至于看不到自己的错误。

你可能会不鼓励人们挑战你的决定。

当你担心泄露秘密，不愿意征求别人建议时，你可能会作出错误的决定。

当你感觉自己无所不能时，你的自信可能会让你误入歧途。

讨论会的问题在哪儿

可能会造成“一致通过”的幻觉；讨论会很容易让人趋于一致，结果本来持不同意见的人会三缄其口。

讨论会的参与者会盲目听从主持人的意见，尤其是当主持人是自己的上司时。

决策的质量会受到讨论会参与者总体水平的影响。

- 再复习一下你在第 11 天所作的练习。讨论会将如何影响你的决策？你是否经历过我们在上面谈到的这些讨论会陷阱？
- 回想那些失败的决策案例。很可能是因为你遇到了前面提到的单人讨论会陷阱。在每张清单上写下该如何避免这些陷阱，仔细研究一下。下次作决策时，无论是独自一人还是多人讨论，都要在作出最终决定之前复习这张清单。

DATE 第 15 天

我们已经谈了很多决策时应该做的事情，现在该讨论什么是不应该做的事情了。在作决定时，行动太快会是自信决策的一个巨大障碍。

- 找出一个比较注重“时机”的决定。比如，要采购一种数量有限的商品，你出手的时间可能会直接影响到最终的结果。遇到这种问题时，决策时间最多不要超过3分钟，即刻根据你所搜集到的信息作出最佳的决定。
- 再次回头看看你之前的决定。在很多时候，迫于时间压力所作出的决定都不是最佳决定；所以再次思考该决定时，你应该暂时忽略或忘记相关的时间限制，等到彻底平静、放松下来时再重新思考这个决定。在作出任何一个决定之前，都要尽可能多地搜集相关信息，听取专家观点，确保自己不要因为对预期结果太期待而失去客观立场。
- 在投入更多时间跟进以上建议时，不妨再针对相同的问题重新作出决定。比较一下新决定和当初的决定之间是否有差异？遇到有时间限制的问题时，你可能会想到我们刚才谈到的几种技巧。

DATE 第16天

自信决策的另一个障碍是行动缓慢。如果一不小心打翻一杯酒，又没有去擦干净桌子，结果会怎样？一天之后，酒会变硬或者变黏。也可能几天之后，即便擦干了酒，桌面也会留下抹不掉的痕迹。有时遇到问题，我们会投入太多的时间去作决定，结果反而导致更多问题的出现。

- 以下是导致人们无法在规定时间内作出决定的6个原因。问问自己，哪条跟你的情况最接近？

1. 自卫性回避或总是回避问题的倾向
2. 得过且过的态度
3. 太迷恋讨论会，使得你们总是无法对一件事达成共识

4. 想要搜集更多的信息

5. 浪费时间去预测未来

6. 害怕失败，没有考虑到最糟糕的情况

- 找出一个你一直在拖延的决定。你是否因为上述的某些原因而一直没有找到解决方案？给自己定下期限，今天结束之前，一定要作出决定。根据时间仔细研究决策的结果，你是否发现你的决定反而带来了更多问题，或者这个决定正在成为你最大的麻烦？
- 每次决策遇到困难时，不妨给自己设定一个最后期限。如果你不能在最后期限内作出决定，不妨抽出一张纸，列出上述 6 个延迟决定的原因，仔细研究一下，然后再次集中精神作决定。

DATE 第 17 天

请作下面的测试：

1. 我会根据我所看到的，而不是感受来作决定。(是 否)
2. 我会根据自己的判断迅速作出决定，根本不会考虑别人的感受。(是 否)
3. 我非常认可“趁热打铁”的说法。(是 否)
4. 我通常会根据自己的直觉来理解一个问题。(是 否)
5. 我会很快就对某个想法产生浓厚的兴趣。(是 否)
6. 我喜欢行动，如果事情不像我预期的那样进展，我很容易就会失去兴趣。(是 否)
7. 在作决定时，我更愿意相信自己的感受，哪怕感受与事实不符。(是 否)
8. 在作决定之前我会考虑别人的感受。(是 否)

9. 我不喜欢改变现状。(是 否)

10. 个人感受在作决定时并不重要，重要的是事实。(是 否)

11. 在得出任何结论之前，我喜欢对所有事情仔细分析。(是 否)

12. 我不愿意进行不必要的冒险。(是 否)

将你的答案跟下面描述的性格类型进行对比。

如果你对 1 ~ 3 题的回答大部分是肯定的，你的性格类型很可能属于野牛式。野牛式性格的人往往会根据自己的思考，而不是直觉来作决定。他们更相信自己所看到的，而不是自己的感受。他们都是以行动为导向的人。

如果你对 4 ~ 6 题的回答大部分是肯定的，你的性格类型很可能属于苍鹰式。苍鹰式性格的人的直觉能力很强，而且相信直觉。他们也是以行动为导向，但不懂得后续的跟进。

如果你对 7 ~ 9 题的回答大部分是肯定的，你的性格类型很可能属于蜜蜂式。蜜蜂式性格的人会根据自己的预设作决定。他们喜欢说服所有人达成一致，行动起来非常缓慢。

如果你对 10 ~ 12 题的回答大部分是肯定的，你的性格类型很可能属于猎犬式。猎犬式性格的人喜欢完全依靠事实作决定。他们会在作出最终决定之前对情况进行彻底详尽的分析。

DATE 第 18 天

在确定自己的决策风格之后，要学习如何调整自己以便更好地适应别人的决策风格。熟悉这些风格可以帮助你更好处理那些需要说服别人或讲求策略的决策。看看下面的描述是否符合你的性格类型吧。

◆ 杰克在参加销售会议时迟到了。到了会议室之后，他坐了一会儿才掏出自己的笔记本。然后又拿出了一台计算器，和几堆相关资料。你与杰克之间相隔几个座位，从你的位置看去，你可以看到杰克的销售演示中有大量的数据和表格。你想要说服杰克，让他相信，根据你助理的最新报告，杰克的方法显然是错误的。杰克可能会使用怎样的决策风格，而你又该怎样说服他呢？

◆ 与此同时，莎拉也稍微迟到了一点。她只听到了你演示的结尾部分，但她还是兴奋不已。她似乎觉得你的提议棒极了，正好击中你的部门当前所面临的问题。她立刻自愿帮助你落实你的计划。你觉得莎拉在使用怎样的决策风格，你在接受她帮助时要注意什么？

◆ 芭芭拉仔细倾听了你和杰克的报告。她向你们两人都提出了一些问题，她似乎认为你们的建议都不错。她觉得莎拉和其他参与者的反应非常有趣。但当你要求大家最后投票时，她却不愿意表明态度。你该怎样应对她的这种不确定性，你觉得她属于什么样的决策风格？

◆ 汤姆甚至还没开始投票就已经准备离开了。他已经了解了自己需要的所有信息，并且相信他自己的决定才是正确的。但你觉得他的决定是错误的。你不断试图说服他接受你的建议，并设法理解他为什么会反对。他开始变得非常不耐烦，你们两人几乎到了无法沟通的地步。想想看，你该怎么说服这种风格的决策者接受你的建议？

DATE 第 19 天

因为不同决策风格的人特点各有不同，某些风格之间可以互补，有些则会发生碰撞。野牛式和猎犬式决策者通常会比较理性；而蜜蜂式和苍鹰式决策者则更愿意相信直觉。野牛式和蜜蜂式决策者会相互冲突，猎犬式和苍鹰式决策者也会如此。

- 问问自己，你的决策风格是属于直觉型和创造型还是属于逻辑型和事实导向型？回想一下你今天所作的某个决定。如果你使用与当时截然相反的决策风格，还会得出相同的答案吗？如果你发现自己当时是用头脑风暴的方式作决定，现在可以尝试使用成绩单的方式。你的决策方式越多样，你在作决定时就会变得越灵活。很快，你就能学会根据问题本身来调整自己的决策风格，而不再是用自己喜欢的风格去处理所有决定了。
- 回到第 2 天的练习，看一下你用来描述自己的性格特点时所使用的字眼。这些形容词跟你的决策风格是否密切相关？如果你的性格风格和决策风格是一致的，你可能会发现，野牛式决策者往往倾向于实用主义，苍鹰式决策者比较外向，猎犬式决策者更加注重分析，而蜜蜂式决策者则非常温和。写出你 3 位朋友的名字，列出他们的性格特点，然后看看他们的决策风格和性格之间有何关联。

DATE 第 20 天

伟大的决策者往往都有一些共同的特点。你可以通过回答下面的问卷来看看自己是否拥有这些特点。

1. 在面对一个结果不可预知的情况时，我会：

a. 感到恐慌。我喜欢一切事情都是黑白分明的。

b. 没关系，我会尽量用手头的信息作出最好的决定。

2. 在面对一个可能不被认可的决定时，我会：

a. 反对。毕竟，如果所有人都认为这个决定是错的，那它就一定是错的。

b. 坚持己见。我在作决定时不需要得到别人的认可。

3. 在作一个会影响到一大群人的决定时，如果有些人反对你的决定，你会：

a. 忽视反对者的意见，运用自己手中的权力。他们应该学会尊重我的决定。

b. 在施行该决定之前设法征得大家的支持。

4. 你决定进行一笔交易，而且已经得到公司管理层的支持；可就在交易进行的前一天，你发现公司可能会因此遭受损失。这时你会：

a. 继续进行交易，希望能尽可能减少损失；毕竟，你已经得到了所有人的支持。

b. 准备取消这场交易，减少损失，承认自己的错误。

5. 你为新产品所作的营销报告称该产品一定能取得成功，但你的下属表示反对。这时你会：

a. 坚持以事实为依据。每个人都会有不同的看法。

b. 接收软信息和硬信息，直到所有人达成共识之后再采取行动。

如果上述多数问题的答案都是“b”，恭喜你，这说明你已经拥有一位优秀决策者的品质了。如果你多数问题的答案都是“a”，我建议你复习一下本书的第 12 章，了解一下为什么你的选择可能会适得其反。

DATE 第21天

回到第 1 天时，重温你当天写下的决定。现在看看你作出该决定时所采取的步骤。在完成了这份 21 天计划之后，你是否会作出不同的决定？回答下面的问题。

1. 你面对的决定属于哪种类型？
2. 你是否能很好地绘制你的决策蓝图？
3. 这个决定是需要你采用逻辑的方法还是更需要创造性？
4. 这个决定所产生的结果是否是确定的？
5. 有多少人参与了决策过程？是否需要用讨论会的方式来解决问题？
6. 是否存在一些障碍影响你作出正确的决定？
7. 你的决策风格是否会影响到你作的决定？
8. 你是否会考虑到那些能帮助你作出英明决策的 9 大性格特质？

将你现在作出的决定和 21 天之前作出的决定进行比较。二者之间有何差异？你对自己现在作出的决定有何评价？

自信决策是一种可以通过学习掌握的技能。只要不断练习上面列出的那些技巧，你就能作出正确的决定，并且对自己的决定充满信心。记住，作决定的过程并不存在什么魔法，但正确的决定确实会对你和他人的生活产生魔法般的影响。